JN084409

特長と使い方

◆ 15 時間の集中学習で入試を攻略！

1 時間で 2 ページずつ取り組み，計 15 時間（15 回）で高校入試直前の実力強化ができます。強化したい分野を，15 時間の集中学習でスピード攻略できるように入試頻出問題を選んでまとめました。

★重要
入試によく出題される問題です。

差がつく
間違えやすい問題です。正解することで，まわりと差をつけることができます。

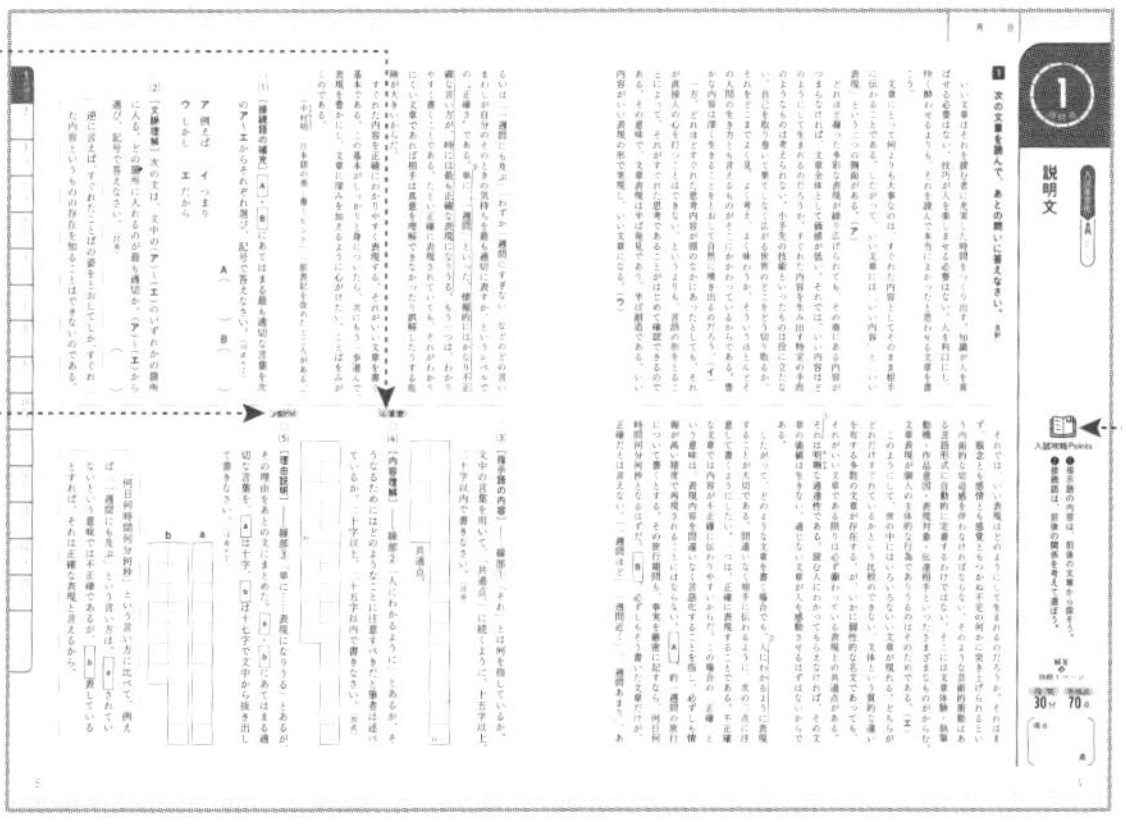

入試攻略Points
入試で問われるポイントと，その対策をまとめています。

◆「総仕上げテスト」で入試の実戦力 UP ！

総合的な問題や，思考力が必要な問題を取り上げたテストです。15 時間で身につけた力を試しましょう。

◆ 解き方がよくわかる別冊「解答・解説」！

親切な解説を盛り込んだ，答え合わせがしやすい別冊の解答・解説です。

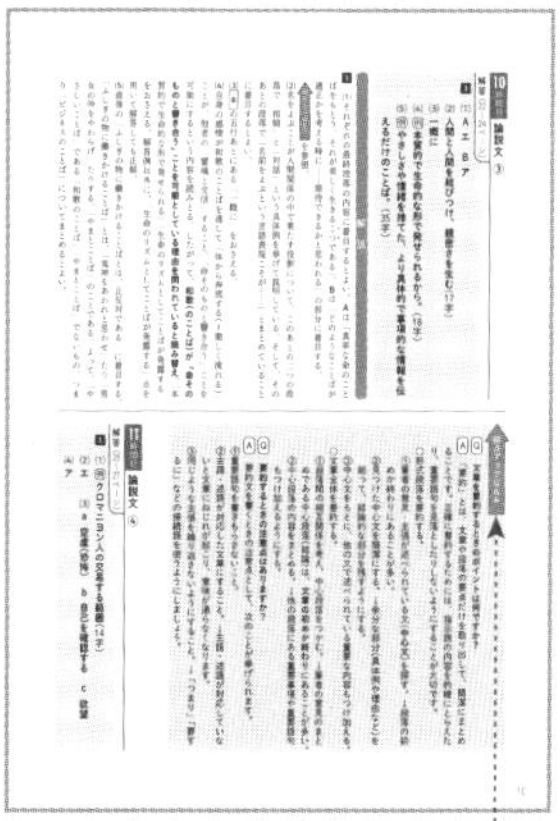

得点アップQ&A
よく出題される問題に対するポイントや気をつける点などを，Q&A の形式でまとめています。

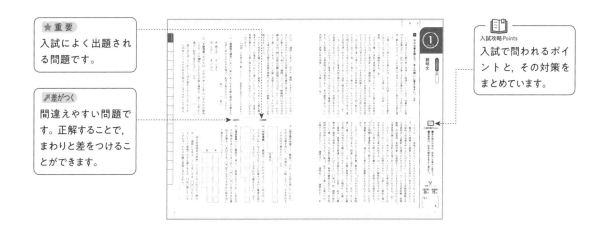

目次と学習記録表

◆ 下の表に学習日と得点を記録して，自分自身の実力を見極めましょう。
◆ 1 回だけでなく，復習のために 2 回取り組むことが，実力を強化するうえで効果的です。

本書に関する最新情報は，小社ホームページにある**本書の「サポート情報」**をご覧ください。（開設していない場合もございます。）

なお，この本の内容についての責任は小社にあり，内容に関するご質問は直接小社におよせください。

出題傾向

◆「国語」の出題割合と傾向

〈「国語」の出題割合〉

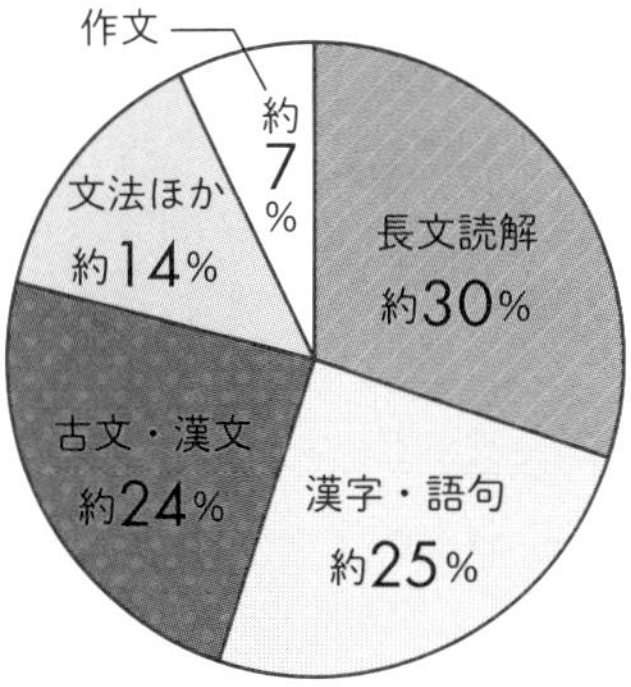

〈「国語」の出題傾向〉

- 出題される文章は，論説文・小説が中心。随筆からの出題は減少。
- 漢字は，熟語の構成や慣用句・故事成語などに関する問題も出題される。
- 古文・漢文は，現代語訳や解説文と融合した形式での出題が増加。
- 文法は，品詞の識別や意味・用法が主に出題される。
- 作文は条件作文が中心で，課題作文や短文作成は減少。

◆「長文読解」の出題傾向

- 読解内容を問うものに，会話文や資料内容などの読み取りが求められる出題を交えた複合問題が増えてきている。
- 論説文では，傍線部の内容や指示語の指すものを説明させる問題が出題の中心であり，小説では，登場人物の心情に関する問題がよく出題される。

合格への対策

◆ 長文読解

試験を意識して，文章を速く読むようにしましょう。また，論説文における要旨の把握や小説における心情把握も十分に練習しましょう。

◆ 漢　字

漢字の読み書きは頻出のため，ふだんから漢字を使う習慣をつけましょう。

◆ 古文・漢文

動作主や主語・述語の関係について，しっかりおさえながら文章を読めるように練習しましょう。

◆ 文　法

品詞の識別やそれぞれの品詞の意味・用法はよく問われるため，品詞分類表や活用表をしっかり暗記しましょう。

◆ 作　文

日頃から社会問題に目を向けて周辺の知識を増やしておくとともに，条件に合わせて時間内に文章をまとめる練習をしましょう。

1 時間目

説明文

入試重要度 A B C

1 次の文章を読んで、あとの問いに答えなさい。〔長野〕

いい文章はそれを読む者に充実した時間をつくり出す。知識が人を喜ばせる必要はない。技巧が人を楽しませる必要はない。人を利口にし、快く酔わせるよりも、それを読んで本当によかったと思わせる文章を書こう。

文章にとって何よりも大事なのは、すぐれた内容としてそのまま相手に伝わることである。したがって、いい文章には「いい内容」と「いい表現」という二つの側面がある。（ア）

どれほど凝った多彩な表現が繰り広げられても、その奥にある内容がつまらなければ、文章全体として価値が低い。それでは、いい内容はどのようにして生まれるのだろうか。すぐれた内容を生み出す特定の手段のようなものは考えられない。小手先の技術といったものは役に立たない。自己を取り巻いて果てしなく広がる世界のどこをどう切り取るか、それをどこまでよく見、よく考え、よく味わうか、そういうほとんどその人間の生き方とも言えるものがそこにかかわっているからである。豊かな内容は深く生きることをとおして自然に湧き出るのだろう。（イ）

一方、どれほどすぐれた思考内容が頭のなかにあったとしても、それが直接人の心を打つことはできない。というよりも、言語の形をとることによって、それがすぐれた思考であることがはじめて確認できるのである。その意味で、文章表現は半ば発見であり、半ば創造である。いい内容がいい表現の形で実現し、いい文章になる。（ウ）

それでは、いい表現はどのようにして生まれるのだろうか。それはまず、観念とも感情とも感覚ともつかぬ不定の何かに突き上げられるという内面的な切迫感を伴わなければならない。そのような芸術的衝動はある言語形式に自動的に定着するわけではない。そこには文章体験・執筆動機・作品意図・表現対象・伝達相手といったさまざまなものがからむ。文章表現が個人の主体的な行為でありうるのはそのためである。（エ）

このようにして、世の中にはいろいろないい文章が現れる。どちらがどれだけすぐれているかという比較のできない、文体という質的な違いを有する多数の文章が存在する。が、いかに個性的な名文であっても、それがいい文章である限りは必ず備わっている表現上の共通点がある。①それは明晰《めいせき》な通達性である。読む人にわかってもらえなければ、その文章の価値は生きない。通じない文章が人を感動させるはずはないからである。

したがって、どのような文章を書く場合でも、②人にわかるように表現することが大切である。間違いなく相手に伝わるように、次の二点に注意して書くようにしたい。一つは、正確に表現することである。不正確な文章では内容が不正確に伝わりやすいからだ。この場合の「正確」という意味は、表現内容を間違いなく言語化することを指し、必ずしも情報が高い精度で再現されることにはならない。［A］、約一週間の旅行について書くとする。その旅行期間も、事実を厳密に記すなら、何日何時間何分何秒となるはずだ。［B］、必ずしもそう書いた文章だけが、正確だとは言えない。「一週間ほど」「一週間近く」「一週間あまり」、あ

入試攻略Points

❶指示語の内容は、前後の文章から探そう。
❷接続語は、前後の関係を考えて選ぼう。

解答 別冊1ページ

時間 30分　合格点 70点

得点　　点

るいは「一週間にも及ぶ」「わずか一週間にすぎない」などのどの言いまわしが自分のそのときの気持ちを最も適切に表すか、というレベルでの〝正確さ〟である。③単に「一週間」といった、情報的にはかなり不正確な言い方が、時には最も正確な表現になりうる。もう一つは、わかりやすく書くことである。たとい正確に表現されていても、それがわかりにくい文章であれば相手は真意を理解できなかったり誤解したりする危険が大きいからだ。

すぐれた内容を正確にわかりやすく表現する、それがいい文章を書く基本である。この基本がしっかりと身についたら、次にもう一歩進んで、表現を豊かにし、文章に深みを加えるように心がけたい。ことばをみがくのである。

（中村明《なかむらあきら》「日本語の美―書くヒント」一部表記を改めたところがある。）

□ (1) **［接続語の補充］** A・B にあてはまる最も適切な言葉を次の**ア**〜**エ**からそれぞれ選び、記号で答えなさい。（10点×2）

ア 例えば　**イ** つまり
ウ しかし　**エ** だから

A（　　）　B（　　）

□ (2) **［文脈理解］** 次の文は、文中の（**ア**）〜（**エ**）のいずれかの箇所に入る。どの箇所に入れるのが最も適切か。（**ア**）〜（**エ**）から選び、記号で答えなさい。（20点）

（　　）

逆に言えば、すぐれたことばの姿をとおしてしか、すぐれた内容というものの存在を知ることはできないのである。

□ (3) **［指示語の内容］** ――線部①「それ」とは何を指しているか。文中の言葉を用いて、「共通点。」に続くように、十五字以上、二十字以内で書きなさい。（20点）

共通点。

★重要
□ (4) **［内容理解］** ――線部②「人にわかるように」とあるが、そうなるためにはどのようなことに注意すべきだと筆者は述べているか。二十字以上、二十五字以内で書きなさい。（20点）

差がつく
□ (5) **［理由説明］** ――線部③「単に……表現になりうる」とあるが、その理由をあとの文にまとめた。a・b にあてはまる適切な言葉を、a は十字、b は十七字で文中から抜き出して書きなさい。（10点×2）

a　　b

「何日何時間何分何秒」という言い方に比べて、例えば「一週間にも及ぶ」という言い方は、a されていないという意味では不正確であるが、b 表しているとすれば、それは正確な表現と言えるから。

2 時間目

入試重要度 A B C

論説文 ①

入試攻略Points
❶段落どうしの関係をきちんと把握しよう。
❷各段落の中心文から要点をおさえよう。

解答 別冊2ページ

時間 30分　合格点 70点

得点　　点

1 次の文章を読んで、あとの問いに答えなさい。〔栃木—改〕

1 本を読むことは、よいことだ。たとえ、それが住居の貧困の反映であっても、個人が自由な想像力によって、それぞれの精神の個室をもつのはのぞましいことだ。じっさい、そもそも「個人」というのは、そういうふうにして成長してゆくものだからである。

2 しかし、家庭のなかの書物というものを考えてみると、これはずいぶん、ふしぎな品物のような気がする。なぜなら、本は家庭の備品のひとつではありながら、結局のところ、個人にぞくするものであるからだ。家庭の本棚にならんでいる何十冊、あるいは何百冊の本の背表紙は、家族のみんなが毎日ながめているのに、その中身は、家族共有のものではないのである。その点で、家庭にある他のもろもろの備品と書物とは、性質がちがうのだ。

3 それはそれでよい。ちょうど、個室をのぞきこまないことが礼儀であるように、精神の個室ものぞきこまないほうがよいのかもしれぬ。お互い、好きな本を読んで、それぞれの世界をたのしめば、それでよい、というべきなのかもしれぬ。

4 しかし、本は、いっぽうで個人にぞくするものでありながら、同時に、だれでもが入ることのできる個室、つまりホテルの部屋のような［　　］ももっている。だれかが使用中であるかぎり、そこにふみこんではならないが、空室になったときには、だれが使ってもかまわない。主婦が買いこんだ文学全集を夫や子どもが読むことはいっこうにさしつかえないことだし、子どものマンガを親が読んだっていい。表題はまったくちんぷんかんぷんであっても、夫の読んでいた経営学の本を、妻がひもといてみてもかまわないはずだ。

5 そして、わたしは、そういう密室の交換がこれからの家庭ではたいへんだいじなことであるような気がする。

6 人間がことばで表現できるものは、きわめてかぎられている、と哲学者はいう。それは家族のなかの人間関係についても真実だ。夫婦、親子、毎日顔をつきあわせておしゃべりは果てしなくつづけられているけれども、それによって、はたしてお互いがどれだけ「理解」しあっているかは、わからない。相手の心の深い部分が、どんな構造になっているのかは、ほんとうに、見当がつかないのである。

7 その見当のつかない部分を知ることはできないし、また、知る必要もない。「個人」どうしのつきあいというのは、そういうものなのだ。しかし、もしも、その心の奥深い部分をつくっているもののひとつが書物であるとするならば、まえにのべたような理由によって、お互いの書物を交換することが家庭のなかで考えられてもよいのではないか。

8 書物を交換する、というのは、じぶんの体験した異質の世界を見せあう、ということである。そして、だれにでも経験のあることだろうが、自分が読んでみて、ほんとうにいい本だ、と思った本は、ひとにも読ませたくなるものだ。読んでいるあいだは、完全にじぶんだけの世界だが、その世界に、じぶんの親しいひとをひきずりこんで経験を共有したくなるのである。そういう経験の交換が、家族のそれぞれの読書生活のなかでおこなわれるのは、すばらしいことだ。

9 ひとの日記や私信を読むのは失礼なことだ。だが、書物は、いっぽうで私的でありながら、他方では共有のゆるされるものである。夫婦のあいだで、あるいは親子のあいだで、お互いの本をとりかえて読むことで、家族は個人を尊重しながら、相互のより深い理解への道をあゆむことができるかもしれない。

（加藤秀俊《かとうひでとし》「暮しの思想」）

□(1)〔語句の補充〕□にあてはまる言葉として最も適切なものを次の**ア**〜**エ**から選び、記号で答えなさい。（10点）（　　）

ア 閉鎖性
イ 利便性
ウ 社会性
エ 象徴性

差がつく

□(2)〔理由説明〕――線部「経験の交換が、家族のそれぞれの読書生活のなかでおこなわれるのは、すばらしいことだ」とあるが、それはなぜか。その理由を、「経験の交換」の内容を明らかにして五十字以内で書きなさい。（30点）

★重要

□(3)〔段落の役割〕本文の段落の特徴を説明したものとして最も適切なものを次の**ア**〜**エ**から選び、記号で答えなさい。（30点）（　　）

ア 1段落は、読書に対する一般的な考え方を冒頭に示すことで筆者の考え方との違いに言及している。
イ 2段落は、家庭内の書物に対する筆者の印象について説明していくことでその特性に言及している。
ウ 3段落は、身近な比喩を用いることで家庭において書物が果たしている役割の変化に言及している。
エ 6段落は、哲学者の考えを引用することで人間関係を保つ上での言語表現の必要性に言及している。

□(4)〔内容理解〕本文の内容を説明したものとして最も適切なものを次の**ア**〜**エ**から選び、記号で答えなさい。（30点）（　　）

ア 書物の意味を検討し、読書を軽視しがちな現代の傾向を指摘してその対応について論じている。
イ 書物の性質を確認し、読書を個人的なものとする認識を批判してその欠点について論じている。
ウ 書物の歴史を分析し、読書形態の移り変わりを挙げてその共通点と相違点について論じている。
エ 書物の特性を考察し、読書のひとつのあり方を提案してその意義や可能性について論じている。

3 時間目

論説文 ②

入試重要度 A B C

1 次の文章を読んで、あとの問いに答えなさい。〔青森〕

「楽」という漢字には大きくいってふたつの意味がある。ひとつは楽しいとか快楽とかの「楽」。もうひとつは便利とか簡単を意味する「楽」。「楽しいこと」と「楽なこと」。①このふたつを混同し、まるで同じことを意味しているかのように思いこむのは危険なことだ。少し考えればわかるように、楽なことが楽しいとは限らない。便利で楽なことがかえってぼくたちの楽しさをうばってしまうこともある。そして、楽しいことが、難しかったり、複雑だったり、面倒だったり、時間がかかったりすることはよくある。それればかりか、難しくて、複雑で、面倒で、時間がかかるからこそ、楽しい、ということも珍しくない。

だから、ぼくたちはやっぱり、「楽しいこと」を「楽なこと」から区別しておいたほうがいい。ファストな「楽」を手に入れるために、スローな楽しさや気持ちよさを犠牲にしないようにしよう。そう考えるのがアウトドアという遊びだ。それは、楽で便利なことのかわりに不便で時間のかかるスローな楽しさをぼくたちに与えてくれる。

アニメ映画の宮崎駿《みやざきはやお》監督がどこかで言っていたことを思い出す。元気のない今の幼い子どもたちに元気を出してもらうためには、まず保育園や幼稚園の庭をデコボコにするのがいい、と。②実際にそうした保育園があって、子どもが確かに生き生きと元気にかけ回っているという。しかしどうやらこれは幼い子どもばかりの問題ではなさそうだ。つまり、ぼくたちが生きる人工の世界は、どこもかしこもまっ平らで、ぼくたちはみんなデコボコという楽しさをとりあげられてしまったのではないだろうか。

デコボコはたしかに不便だし、効率的ではない。便利さと効率性ばかりを追い求める経済中心の社会は、デコボコが好きではない。でもデコボコこそ自然界の特徴だといえる。日本は、二十五倍もの広さをもつアメリカよりも多くのコンクリートを使って、世界一のペースで自然のデコボコを人工的で平らな平面に変えてきた国だ。単に一部の人々の経済的な利益のためというだけでは説明できない「反デコボコ」や「反自然」の力が社会全体に強く働いていたとしかぼくには思えない。もちろん、それは一方で経済成長の原動力となったわけだが、もう一方では、いたるところで③自然環境と地域の文化を破壊して、楽しくない世の中をつくることにもなった。

そんな世の中にあって、□をとおして、ぼくたちは自然界のデコボコを―そしてデコボコの世界だけがもつ楽しさを―近代的な暮らしの中に呼び戻そうとしているのではないだろうか。アウトドアを楽しむときの大人たちは、「ままごと」をしている幼い子供たちにそっくりだ。たき火を囲んでは、まるで、自分たちも知らない遠い昔の人々の暮らしをなつかしむかのようでもある。またそれはすっかりよそよそしくなってしまった自然界との仲なおりのための儀式。人間の世界だけではなく、自然界を含めた広い世界の一員としての自分の場所を再発見しようとしているようでもある。

アウトドアという遊びに参加するきみは、日常の生活の中に流れる時間とはずいぶんちがう時間の中に入りこむ。食事のしたくをするときの

入試攻略Points

❶各段落の話題の中心をとらえよう。
❷中心段落を読みとろう。

解答 ⇩ 別冊2ページ

時間 30分　合格点 70点

得点　　点

時間、たき火を囲む時間、釣り糸の先の浮きを見つめる時間、カヤックで水をすべる時間。山の尾根道を歩く時間、テントの中の時間、星空をあおぎ見る時間。一見、静かで地味なそれらの時間のそれぞれが、きみの「魂」を揺さぶる。

しかもアウトドアは屋外《アウトドア》にだけとどまるものではない。きみはあのアウトドアのデコボコの世界の断片や、楽しく美しく安らかな時間の余韻を屋外から自分の家へともち帰るだろう。そして④それらは、日常の中にまぎれこむ。あのデコボコな空間やスローな時間が流れ込んだきみの毎日の生活はもう、以前とは同じものではない。忙しさやあわただしさの中に戻っても、きみはもう以前とはちがうきみ。きみはたしかに前より生き生きと輝いているだろう。

（辻信一《つじしんいち》『「ゆっくり」でいいんだよ』）

□ (1) **［内容理解］** ――線部①「このふたつを混同し……思いこむ」とあるが、これはどういうことか。文中の言葉を用いて、二十字以内で書きなさい。（20点）

差がつく

□ (2) **［理由説明］** ――線部②「実際に……かけ回っているという」とあるが、その理由を筆者はどう考えているか。「子どもにとって」という書き出しで、文中の言葉を用いて、三十五字以内で書きなさい。（20点）

子どもにとって

□ (3) **［内容理解］** ――線部③「自然環境と地域の文化を破壊して」とあるが、このことを具体的に表している一文を文中から抜き出し、初めの五字を書きなさい。（20点）

□ (4) **［語句の補充］** □にあてはまる言葉として最も適切なものを次の**ア**～**エ**から選び、記号で答えなさい。（10点）（　　）

ア 楽で便利なこと　**イ** 日常の生活

ウ アウトドアの遊び　**エ** 便利さと効率性

□ (5) **［指示語の内容］** ――線部④「それら」とあるが、何を指しているのか。文中から三十三字で抜き出し、初めと終わりの五字を書きなさい。（10点）

～

★重要

□ (6) **［要　旨］** 本文の内容として最も適切なものを次の**ア**～**エ**から選び、記号で答えなさい。（20点）（　　）

ア 「反デコボコ」や「反自然」を原動力として、社会全体を楽で便利なものに変えていかなければならない。

イ 人間の世界だけではなく、自然界を含めた広い世界の一員としての自分の場所を再発見しなければならない。

ウ ぼくたちが生きる人工の世界をデコボコにすることで、自然環境を取り戻さなければならない。

エ 経済成長を続けるために、これからも世界一のペースで自然を人工的な平面に変えていかなければならない。

4 時間目

小説①

入試重要度 A **B** C

1 **次の文章を読んで、あとの問いに答えなさい。**〔岡山—改〕

「俺（神谷）」と「一ノ瀬連」は陸上部の四継のリレーメンバー（リレメン）である。全国大会レベルの実力を持つ「連」は、陸上部の南関東大会前に足の肉離れを起こし、顧問の三輪（みっちゃん）から出場をやめるように指示されていた。

連は毎日、練習に出てきて別メニューをこなした。連自身も俺も何も言わなかったが、関東をあきらめていないのは、誰の目にもはっきりと分かった。

事件は、試合の二日前に起こった。俺はバトン流しの真っ最中で、みっちゃんの怒鳴り声にバトンを取り落とした。それくらい、とんでもない大声だった。「一ノ瀬ーッ、何してるんだーっ、やめろーっ。」みんな、連の方を見た。やめろと言ってもやめていない連は、明らかに全力で走っている。俺は連のところにダッシュで走った。みんな走った。「大丈夫です。何ともありません。明後日《あさって》、走れます。」連は先生に向かって言った。「①本当に大丈夫なんです。走れます。」「確かに、走れるかもしれない。全力で走って、何ともない可能性もある。だがな、ダメな可能性もあるんだ。ダメな可能性の方が高いから、医者は無理だと診断してるんだ。俺は何も意地悪してるわけじゃない。俺がおまえを試合に出したくないとでも思うか？　俺が悔しかったり悲しかったりしないとでも思うのか？」連は返事をせずに黙って先生を見ていた。

先生の目がうるんで見えた。涙をこらえているように見えた。俺も胸の中に何かがせりあがってきた。どうしても走りたい連の気持ち。どうしても走ってほしいリレメンの気持ち。どんなに走らせたくても走らせるわけにはいかない先生の気持ち。このかたまりきった場面を救うために、俺は何か言わなきゃと思ったが、干上がったように声も言葉も出てこなかった。

「先生、すみません。」②謝ったのは、守屋さんの声。守屋さんが連の隣に来て、連の頭を無理やりぐいと押すようにして、二人で礼をした。「先生、勘弁してください。言いつけを破ってすみません。むちゃしてすみません。」「おまえが謝るこたァ……。」言いかけた先生の言葉を守屋さんは遮った。「部長として部員の管理が行き届きませんでした。俺がもっとこいつに言って聞かせないといけませんでした。」連が何か言いたそうに守屋さんを見たが、構わずに続けた。「どこかで俺自身が一ノ瀬に期待していたのかもしれません。こいつと走ることをあきらめきれなかったのかもしれません。俺にそんな気持ちが少しでもあったら、一ノ瀬があきらめてくれるわけがないです。自分勝手でした。もし、こいつに何かあったら……。」守屋さんは、その先までは言わずに唇をかみしめた。

連は黙って、守屋さんの横顔を見ていた。あきらめきれない無念そうな表情が、初めて連の顔に表れた。ずっと隠していた表情。心の内を連は決して顔には出さず、意固地に淡々と逆らい続けていた。一度、悔しさをあからさまに表に出してしまうと、ゆっくりと少しずつ顔つきが変わっていった。連の中で何かがほどけていくようだった。そうか……。俺はようやく理解した。守屋さんだ。守屋さんのために、連は走りたが

入試攻略Points

● 「いつ」「どこで」「だれが」「何を」「どうした」をしっかりおさえて、場面展開を正しく読みとろう。

解答 ⇩ 別冊3ページ

時間 30分　合格点 70点

得点　　点

っていた。四継という競技の魅力以上に、南関東という舞台の華やかさ以上に、連にとって大きなものがあったんだ。

「俺たちに任せてくれ、一ノ瀬。」守屋さんはきっぱりと言った。

「桃内、神谷、根岸、守屋、みんなで、めいっぱい走るよ。」

めいっぱい走ると大声で誓わないといけないのだが、声が出せなかった。泣きそうだった。根岸も、桃内もかたまったように黙っていた。三輪先生は、口を一文字に引き結んで、何度もまばたきをしていた。

長く重い沈黙の後で、「ハイ。」やっと、連がそう言った。

その時の連の目や声が、しばらく頭から離れなかった。悔しさや悲しさをふっと越えたような素直な目と声だった。

リレーという競技のことを、俺はまだ本当には分かっていないのかもしれないと思った。一ノ瀬連という男のことも。ランナーとランナーのつながりのことも。

（佐《さ》藤《とう》多《た》佳《か》子《こ》「一瞬の風になれ」）

差がつく

□(1)［人物像］本文から、「俺（神谷）」はどのような人物であると読みとることができるか。最も適切なものを次の**ア**～**エ**から選び、記号で答えなさい。（15点）（　　）

ア 思いついたらどんなことでもすぐに行動できる人物。

イ 仲間の気持ちを考えて行動しようとできる人物。

ウ 周囲の人の気持ちを盛り上げることができる人物。

エ 他人の才能や気持ちを察することができる人物。

□(2)［心情理解］——線部①「本当に大丈夫なんです。走れます」とあるが、このように言う連に対して、三輪先生はどのような気持ちを述べているか。最も適切なものを次の**ア**～**エ**から選び、記号で答えなさい。（15点）（　　）

ア 試合まで日がないのだから、今さら練習してアピールしても無駄だということをわかってほしいという気持ち。

イ 無理に走らせてダメだった場合の責任は、顧問である自分がとるのだということをわかってほしいという気持ち。

ウ まだ走れる可能性もあるのだから、練習で無茶をしてはいけないということをわかってほしいという気持ち。

エ 医師が無理だと診断した以上、連を試合に出すことはできないということをわかってほしいという気持ち。

□(3)［内容理解］——線部②「謝ったのは、守屋さんの声」とあるが、守屋が謝っている内容を「こと。」に続くように、文中の言葉を用いて二十五字以内で書きなさい。（20点）

こと。

★重要

(4)［心情理解］連の気持ちについて、次の問いに答えなさい。

□① 連の気持ちが大きく変化したと考えられる場面はどこか。文中から一行で抜き出し、初めの三字を書きなさい。（20点）

□② どのように気持ちが変化したのか。文中の言葉を用いて、四十五字以内で書きなさい。（30点）

5 時間目

小説 ②

入試重要度 A B C

入試攻略Points
❶登場人物の言動から心情をとらえよう。
❷情景や表現から心情をとらえよう。

解答 別冊４ページ

時間 30分　合格点 70点

得点　　点

1 **次の文章を読んで、あとの問いに答えなさい。**〔千葉―改〕

恵子《けいこ》はトランプ占いを中断し、お盆のジュースに手を伸ばした。

「だけど、①すんでしまった一日のことを占うなんて」

ばあちゃんが言いかけたら、

「うるさいね。わたしのやることにいちいち文句つけないで」

「あはは、ごめんよ」

ことばがぞんざいなのは、恵子にしてみれば気心が知れてるからだ。むろん、②ばあちゃんも分かってる。

「すんでしまった一日なら占いの結果がどう出ても、あとは寝るだけだから気が楽でしょ」

恵子は言ってのけ、ジュースをひざのわきに置くと、ふたたびトランプをめくり始めた。

「よかった。今日は運のいい日だった」

占い終わった恵子は、おおげさに息をついた。両手で胸を抱くようにして、うれしそうに顔をほころばせている。

「ばあちゃんもやってみる？」

恵子はかき集めたトランプをばあちゃんにさし出した。

「わたしは、いいよ」

「じゃあ、すんでしまった一日じゃなくて、将来を占ったら？」

「わたしの将来を占うのかい。ははは」

スワばあちゃんは、さもおかしそうに笑っている。

「それより恵子の将来はどんなことが待ち受けているんだろうね」

すると恵子が、

「ばあちゃんはわたしを海女《あま》にしたいんでしょ。わたしの将来はわたしのもんだからね。ばあちゃんの思いどおりには、ならないからね」

あごをつき出しつき出し、言い返した。

「そりゃあ、そうじゃ」

ばあちゃんが大きくうなずき返し、

「何もわたしみたいに海女を一生の仕事にすることはない。わたしが恵子にもぐることをすすめるのは、海女の腕を身に付けておけば、いざというときにお金を稼げるからじゃ」

「うん、分かった」

「③それもあるが」

と、ばあちゃんが、こう付け加えた。

「わたしは恵子に、お見合いをさせたかったのじゃ」

「お見合い？」

「そう。④海とお見合いをな」

ばあちゃんは言った。さらにことばをついで、

「恵子に海とかかわり合うきっかけさえ与えてやれば、わたしはそれでいいと思っていた。あとは恵子が、気が合うかどうかじゃ。お見合いの相手でも、しばらくは付き合って話をしなければ、どんな気性の者か分かるまい」

「ばあちゃんは、海と気が合《お》うたん？　だから海女になったん？」

「それが、気が合うたのやら、合《あ》わんかったのやら……」

ばあちゃんはことばを濁した。ちょっと黙りこんだあと、

「恵子や。花の生き方を考えてごらん。花は自分の置かれた場所を信じて、その場で精一杯生きて、花を咲かせて、やがて散っていきよる」

と恵子をまっすぐ見返し、

「ばあちゃんも海辺に生まれついたから、いつのまにか海女になっていたんよ。これが、いつわりのないところじゃ。でもばあちゃんは、自分の置かれた場所を信じて、その場で精一杯生きてきた」

いつか恵子が神妙な顔つきになって、ばあちゃんにうなずき返している。

「海辺に生まれついたからと言うて、恵子は何も海女になることはない。海女になろうとなるまいと、おまえも世の中のどこかに身を置く場所を見つけて生きてゆくことになる。その時、自分の置かれた場所に不平をこぼし、努力もしないで不幸じゃと嘆き、人を恨み、天をのろって生きてゆくようなことではいかんぞ」

「ばあちゃん」

恵子がひどく大きな声になり、

「わたしはそんなふうにはならないから、安心しといて」

「そうかい、そうかい」

ばあちゃんは柔和な目で恵子を見やっている。

（吉本直志郎《よしもとなおしろう》「幸福《しあわせ》の行方《ゆくえ》」一部表記等を改めたところがある。）

□ (1) **［理由説明］** ——線部①「すんでしまった一日のことを占う」とあるが、その理由を文中の言葉を用いて十五字以内で書きなさい。（20点）

□ (2) **［内容理解］** ——線部②「ばあちゃんも分かってる」とあるが、何を分かっているのか。最も適切なものを次の**ア**〜**エ**から選び、記号で答えなさい。（10点）（　　）

ア 恵子とばあちゃんは、気が置けない間柄であること。
イ 恵子とばあちゃんは、気を許せない間柄であること。
ウ 恵子とばあちゃんは、気を遣い合う間柄であること。
エ 恵子とばあちゃんは、上下のない同等の間柄であること。

□ (3) **［指示語の内容］** ——線部③「それ」が指す内容を「ということ。」に続くように、文中から三十字以内で抜き出し、初めと終わりの三字を書きなさい。（20点）

〜　　　ということ。

□ (4) **［表　現］** ——線部④「海とお見合い」とあるが、これはどういう意味か。文中から十五字以内で抜き出して書きなさい。（20点）

★重要
□ (5) **［心情理解］** ばあちゃんは人間の生き方について、どのような思いを恵子に伝えたかったのか。「という思い。」に続くように、文中の言葉を用いて三十字以内で書きなさい。（30点）

という思い。

1時間目 2時間目 3時間目 4時間目 5時間目 6時間目 7時間目 8時間目 9時間目 10時間目 11時間目 12時間目 13時間目 14時間目 15時間目 総仕上げテスト

6時間目

随筆①

入試重要度 A **B** C

1 次の文章を読んで、あとの問いに答えなさい。〔奈良―改〕

日本の家は、①玄関や窓などの開口部が大きくできています。引き戸になっていて、朝起きて全部開けると、家の中と外の世界は一体になります。家の中も、部屋を仕切る障子や襖《ふすま》（引き戸）を開ければ、他の部屋や廊下とつながるように作られています。現在は多少変わってしまいましたが。ですから私の国では、鳥の鳴き声、風や雨の音、生活の音などが、常に人々の暮らしの中にあり、音を聞いて想像力を働かせ情報を得てきました。こういった中で、「オノマトペ*」も自然にたくさん生まれてきました。②「オノマトペ」には窮屈なルールはなく、感じたままの表現を許してくれます。とっても自由なものです。ひとつの「オノマトペ」が、その語感、リズム、音の響きから、どれほど多くのことを伝えてくれることでしょうか。

A

子どものとき、父は「オノマトペ」や独自の表現を生み出して、子どもたちに語る物語をいっそう楽しいものにしてくれました。私は、それらの言葉に誘われて、物語に入り込み、元気な子どもになったり、主人公と一緒に問題を解決しようとしたり、さまざまな世界へと想像を巡らしました。私の物語との出会いは、ここから出発したのだと思います。

仕事がうまくいかないで、書く手が止まってしまったとき、無意識に「どんぶらこっこーう　すっこっこーう」と口にしていることがあります。すると、幼いときのワクワクした気持ちがよみがえって、原稿を書き進めることができたことが何度もありました。これは私のおまじないの言葉なのです。こんなとき、父へ向けて、またこのような豊かな言葉を持っている日本語に、「ありがとう。」といいたくなります。

こうして、父のおかげで、私は、物語が大好きな子ども、そして、本を読むのが大好きな子どもになりました。それ以来三十年以上、私はとても熱心な「読む人」でした。「書く人」になるなんて、考えたこともありませんでした。

ところが、三十四歳のある日、大学時代の恩師から電話があり、「君はブラジルで二年暮らしてきたのだから、『ブラジルの子ども』について、ノンフィクション*を書いてみないか。」といわれたのです。

私は大変驚き、とても無理だと思いました。すぐさま「できません。」と答えました。でも先生は「書きなさい。」というのです。そのときふっと、ブラジルで仲良くなった少年、ルイジンニョのことなら書けるかな？　と思ったのです。私は仕方なく書き始めました。本当に仕方なくです。恩師はいくつになっても、尊敬すべき存在ですから。

ブラジルで暮らした二年の間、同じアパートに住む九歳の魅力的な男の子、ルイジンニョと仲良くなり、ポルトガル語を教えてもらいました。九歳の先生と二十四歳の生徒です。彼に言葉を教えてもらいながら、町を歩いた毎日は、発見の連続でした。ルイジンニョの母親はサンバの歌手で、彼は生まれたときから、サンバを聴いて育ったのです。私に教えるときも、歌うように、踊るように、言葉を教えてくれました。よくわからない言葉なのに、心地よいリズムに乗せて語られると、不思議なことに意味が伝わってくるのでした。彼はブラジルの少年らしく、踊るのもとても上手で、一緒に踊れと私を誘うのです。でも日本で育った私は、恥ずかしくて踊れません。すると、彼はこういったのです。

「エイコ、あんたにも心臓（コラソン）があるでしょ、とくとくとくとくと動いているでしょ。それを聞きながら踊れば、踊れる。だって、人間はそんなふうにできているのだから。」

③九歳の少年のこの言葉に、私ははっとしました。そして、小さいとき、私の父がお話を語ってくれたときの、弾むような言葉遣いを思い出しました。父の物語を聞いていたとき、確かに私の胸は、とくとくとくとくと動いていました。言葉って、たとえ語彙は少なくても、ぴったりのリズムや響きがあれば、不思議なほど相手に伝わる、また忘れられないものになる。それまで言葉の意味ばかり追

入試攻略Points

❶「体験」と「感想」をきちんと読み分けよう。
❷結論や心情を述べた表現をおさえよう。

解答 別冊5ページ

時間 30分　合格点 70点

得点　　点

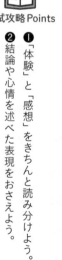

いかけていた私に、ルイジンニョは、言葉の持つ不思議と奥深さを気づかせてくれたのです。

（角野栄子《かどのえいこ》『作家』と『魔女』の集まっちゃった思い出）

*オノマトペ＝擬声語・擬態語。
*ノンフィクション＝作りごとを交えず、事実を伝えようとする作品。

□ (1) 〔内容理解〕――線部①「玄関や窓などの開口部が大きくできています」とあるが、このような家のつくりの影響を受けて、人々は周囲の状況をどのようにして認識してきたか。このことを説明した部分を文中から二十一字でさがし、初めの五字を抜き出して書きなさい。（20点）

□ (2) 〔接続語の補充〕――線部②の文と、その直前の文とを文脈を変えないように一語の言葉でつなぎたい。どのような言葉でつなぐのがよいか。最も適切なものを次のア～エから選び、記号で答えなさい。（10点）　（　　）

ア しかし　**イ** あるいは　**ウ** つまり　**エ** ところで

★重要
□ (3) 〔内容理解〕文中の**A**の部分では、父が語った「オノマトペ」にまつわる話が述べられている。「書く人」としての筆者が、仕事がうまくいかず、父が語った「オノマトペ」を無意識に口にするとき、この言葉は、筆者にとってどのような言葉か。文中の言葉を用いて四十五字以内で書きなさい。（30点）

□ (4) 〔内容理解〕――線部③「九歳の少年のこの言葉に、私ははっとしました」とあるが、少年の言葉を聞いて、筆者はどのように考えるようになったか。その説明として最も適切なものを次の**ア～エ**から選び、記号で答えなさい。（20点）　（　　）

ア 言葉の意味ばかりにこだわっていたが、言葉というのはぴったりのリズムや響きがあれば伝わるものだと考えるようになった。

イ 弾むような言葉遣いは父にしかできないと考えていたが、ルイジンニョや自分自身にもできることなのだと考えるようになった。

ウ 言葉は心地よいリズムさえあれば相手に伝わるものだと考えていたが、まずは意味をとらえることが重要だと考えるようになった。

エ 言葉の意味を教わることが大切だと考えていたが、リズムに乗せて話すことができれば意味は必要ないと考えるようになった。

差がつく
□ (5) 〔表　現〕本文の表現上の工夫とその効果について述べたものとして適切でないものを次の**ア～エ**から選び、記号で答えなさい。（20点）　（　　）

ア 会話文のあとにその時の考えを入れ、心情を表現している。

イ 具体的な体験を交えながら、話の内容を印象づけている。

ウ 直喩を用いながら、場面をイメージしやすくしている。

エ 結論から話し始めることで、考えを明確に伝えている。

7 時間目

随筆 ②

入試重要度 A **B** C

入試攻略Points
❶表現技法による効果を考えよう。
❷表現から筆者の気持ちを読みとろう。

解答 別冊6ページ

時間 30分　合格点 70点

得点　点

1 次の文章を読んで、あとの問いに答えなさい。 〔岡山県立岡山朝日高―改〕

私には二十歳の成人式という日はなかった。だが、私にとって、「心の成人式」だったあの日が、いつも大切に生き続けている。

それは、私が十四歳のころのことだった。その日、私は何かほめてもらうようなことをしたのだろうか、父が夕食後「ほうびをあげるからついておいで」といった。経済学者であった父は、当時自分が勤めている大学の図書館長も兼任していた。父は家から数分のところにある大学に私を連れて行った。

大正時代の建物が夜の暗闇の中にどっしりと息づいている構内を少し歩くと、図書館の前に出た。ポケットから鍵を出しながら父は①「ほうびに本を貸してあげるよ」といった。

戦争が終わってまだ三年しかたっていなかったあのころ、すべてが乏しかった。子どもの本などはほとんどない時代だった。図書館もほとんどなかった。私の町にはたった一つ、カードで本を探す閉架式の図書館があったが、子どもが近づくことなど考えることもできない存在だった。とうてい近寄ることのできない存在だと思っていた図書館の扉が、今、私の目の前で私のために開く。緊張感でのぼせたようになっている私を、父は閲覧室の奥に連れていき、さらにもう一つの扉を開いた。扉の向こうにはぽっかりと闇があって、階段が地下の方へ降りていっていた。地下の冷え冷えとした空気と本の古いにおいが暗い穴から立ち上り、私を包んだ。父がスイッチを入れると黄色い電灯がともった。

その光の中から浮かび上がったぎっしり並んだ本棚。そして、本・本・本……。父が、「自分の読みたい本を探しておいで」といった。私は夢見るように本の中を歩き始めた。古びていかめしい学術書ばかりが並んでいたが、宝の森を歩いているように私はうれしかった。

文学書が並んでいる本棚の前に出た。一冊の本が目にとまった。ボードレール『悪の華』……私は自分が未知の世界のふちに立ったようなるめきを感じた。ひきつけられた。私はその詩集を抱きかかえ、階段のところで待っていてくれた父のところに行った。②父は表紙を眺め、私の顔を見て、とてもまじめにうなずいた。おそらくそのとき、父の中ではこの本についての父としての感情が動いたと思う。だが父は、私を一人の人間として、私の選択をとても大切に受け取ってくれたのであった。

カウンターで父は、自分のカードを使ってこの詩集の貸し出し手続きをしてくれた。私はあのとき、自分が選んだ『悪の華』を実際に読んだかどうかすら覚えていない。くっきりと私の心の中にあるのは、あの日カードを書いた後、私に本を渡してくれた父の表情なのだ。あのとき父は、私をまぶしげに見ていた。③それが、一人の人間として私が成長していくであろうことへの父の祝福であったことに、今、私は気がつく。

あの夜から数年後、四十九歳になったばかりの父はこの世を去った。私は二十歳になっていなかった。④だが父は、私に成人式をしていてくれたのだ。あの夜、「心の成人式」を。

それから年月がたった。その間に日本中の人々に、図書館の扉は大きく開かれた。今日も子どもたちが本を借りる手続きをしている。それをしずかに眺めている親。⑤小さな「心の成人式」が毎日図書館の中で行われている。

（まついのりこ「あの日の空の青を」）

□ (1) [内容理解] ——線部①「ほうびに本を貸してあげるよ」とあるが、このときまで「私」にとって「図書館の本」はどのような存在であったのか。最も適切なものを次のア～エから選び、記号で答えなさい。(10点)　（　　）

ア 心を慰めてくれる存在。　**イ** 子どもには無縁の存在。

ウ 豊かさの象徴である存在。　**エ** お金よりも価値ある存在。

★重要

□ (2) [表　現]「私」が図書館に入ったときの表現の説明として適切でないものを次のア～エから選び、記号で答えなさい。(15点)　（　　）

ア 第一の扉の記述は憧れの世界へ誘われる心の高揚を表している。

イ 秘密めいた地下室の様子が感覚的表現によって描かれている。

ウ 闇への恐怖を描くことで謎の世界に入るためらいを示唆している。

エ 重々しく並ぶ本を自由に選べる喜びが比喩で表現されている。

□ (3) [心情理解] ——線部②「父は表紙を眺め、私の顔を見て、とてもまじめにうなずいた」とあるが、「今」の「私」が考える、当時の「父」の気持ちの説明として最も適切なものを次の**ア**～**エ**から選び、記号で答えなさい。(15点)　（　　）

ア「私」の選択を意外に感じつつも、「私」を認める気持ち。

イ「私」の選択に思わず驚嘆して、「私」を称賛する気持ち。

ウ「私」の選択を情けなく思い、「私」をたしなめる気持ち。

エ「私」の選択に違和感を抱きつつも、「私」を許す気持ち。

□ (4) [指示語の内容] ——線部③「それ」の指す内容を、文中の言葉を用いて十五字以内で書きなさい。(15点)

差がつく

□ (5) [内容理解] ——線部④「だが父は、私に成人式をしていてくれたのだ」とあるが、どのようなことをしてくれたのか。文中の言葉を用いて五十字以内で説明しなさい。(30点)

□ (6) [表　現] ——線部⑤「小さな『心の成人式』」とあるが、この表現の指す内容として最も適切なものを次の**ア**～**エ**から選び、記号で答えなさい。(15点)　（　　）

ア 図書館に子どもが自由に出入りできるようになったこと。

イ 子どもだけで図書館の本を借りる手続きをさせること。

ウ 子どもが自分自身で選んだ本を借りることができること。

エ 子どもが本を借りる姿を親がしずかに見守っていること。

詩

入試重要度 A B **C**

1 次の詩と解説を読んで、あとの問いに答えなさい。〔法政大高―改〕

私*の卵

数年来私はひとつの卵を抱きつづけてゐる
あるとき気がつくと卵を抱いてゐたのである
卵が［A］ので気がついたのである
私は冷たかつた
鶏卵のやうに［B］
だんだん冷えあがつて①私は凍死しさうだつた
その私を私の抱いた卵が暖めてくれた
そして②今日の日まで私は生きのびたのである
そしてそのため暖《あたたか》い卵はまだ［C］しない

この作品は、昭和三十年三月号の「文芸」に発表されたもので、この詩集の「重量喪失拾遺」の項に収められている。

この詩の中の「卵」が文字どおりの卵ではなく、ある精神的な意味のイメージであることに、読者は気づかれるだろう。しかし、それが、どのような意味のものであるかは、性急に問わず、軽く心に留める程度にして読み進めてみよう。いつ内部に抱えこんだか、その時期は判然としないが、ある時、その卵に気づいた。気づいたのは、卵のあたたかさのせいである。対照的に、この卵を抱えている詩人(作者)自身の冷たさが、対置される。詩人自身の冷たさ、というのはたぶん、自己に対する絶望感の冷たさだろう。その絶望感が詩人に、精神的な死をもたらしそうであった。しかし、その死をくいとめてくれたのが、内部に抱えていた卵のあたたかさであった。卵をあたためるべきはずの詩人が、卵によってあたためられたのである。ここまで読み進めてくると「あたたかい卵」が、人間をぎりぎりのところで支えている「思想」とか「希望」とかないしは「自己肯定」というようなものであることが明らかとなる。詩人(作者)が生きながらえることができたのは、この卵のおかげであった。しかし、詩人は、こう述懐する。卵の力を借りて今日まで生きのびてはきたが、肝心の卵をあたためてやるほどの余力はない。それほど、人間自身についての断固たる肯定の情熱を、全身で発するまでには至ってない、そのためいまだに、この内部の卵は雛《ひな》になれず、羽ばたくことのない希望の原形として、内部にとどまっている、と。

これは、自己肯定と自己否定とから成っている人間の内面を、普遍的な高さで形象化していて、すぐれた作品である。人間は、生涯を費やしても、自己を全面的に肯定することはおぼつかないものである。自己肯定の意志はこの詩の卵のように、人間の内部にひそかに生きていて、人間を支えている。しかし、この卵は、いわば、自己否定の力によって、苛酷にとりまかれている。「卵」は「雛」の誕生を予想させるイメージだ。しかし、その可能性が、なかなか、力強い「現実性」に高まりきれない、という切実な苦しさが、いわば、「私の卵」の発想の根であり、この作品の普遍性を支えているリアリティであろう。

入試攻略Points

❶季節・場所・時などから作者の視点をとらえよう。
❷情景・心情や表現から感動の中心をとらえよう。

解答 別冊7ページ

時間 30分　合格点 70点

得点　　点

技術的にながめた場合、この作品は、鶏が卵をあたためるという普通の論理を、卵が鶏をあたためるというふうに、逆立ちさせた点に「ひねり」があるが、これは、人間が人間を深く内省した場合、かつて抱き今は忘れ去ったように思っていた思想に、現在支えられていることとか、抹殺しきれない人間的な希望に支えられて生きているというようなことがあることを考え合わせると、深いリアリティを内蔵していると感じられる。

こういう作品に接すると、詩の技術とか、リアリティが、結局は、作者の思索の深さに左右されるということが、よくわかるのではなかろうか。

（吉野弘《よしのひろし》「詩のすすめ」）

＊「私の卵」＝昭和の詩人である高見順《たかみじゅん》の作品。

□ (1) 【語句の補充】 A に入る言葉を、詩の中から抜き出して書きなさい。(10点)

（　　　　）

□ (2) 【語句の補充】 B には詩の中にある一行が入る。それを詩の中から抜き出して書きなさい。(15点)

（　　　　）

差がつく

□ (3) 【内容理解】――線部①「私は凍死しさうだつた」とはどういうことを言っているか。それを説明する連続する二文を解説から探し、初めと終わりの五字を抜き出して書きなさい。(15点)

□□□□□～□□□□□

★重要

□ (4) 【理由説明】――線部②「今日の日まで私は生きのびた」とあるが、それはどのような理由があったからか。解説の中の言葉を用いて五十字以内で説明しなさい。(30点)

□ (5) 【語句の補充】 C に入る言葉として、最も適切なものを次のア～エから選び、記号で答えなさい。(10点)

ア 成長　イ 孵化《ふか》

ウ 出現　エ 羽化

（　　　　）

□ (6) 【表現技法】この詩の中に使われている技法として、最も適切なものを次のア～エから選び、記号で答えなさい。(10点)

ア 体言止め　イ 擬人法

ウ 反復　エ 倒置

（　　　　）

□ (7) 【詩の種類】この詩の形式として、最も適切なものを次のア～エから選び、記号で答えなさい。(10点)

ア 文語定型詩　イ 文語自由詩

ウ 口語定型詩　エ 口語自由詩

（　　　　）

9 時間目

短歌・俳句

入試重要度 A B C

入試攻略Points
❶短歌・俳句の形式をそれぞれ覚えよう。
❷形式や表現技法に注意して、感動の中心を読みとろう。

解答 別冊8ページ

時間 30分　合格点 70点

得点　　点

1 **次の俳句と鑑賞文を読んで、あとの問いに答えなさい。**〔茨城―改〕

富士をこえみづうみをうつはつ燕《つばめ》　飯田蛇笏《いいだだこつ》

この句を最初に読んだとき、内容もさることながら、まず字づらが面白いなと思いました。

いったい字づらのどこが面白いのでしょうか？

よく読むというより、よくこの句を見てください。最初の「富士」と最後の「燕」だけが漢字表記ですね。あとは、その漢字に挟まれる形ですべてひらがななのです。

このような表記の仕方は偶然ではなく、作者がわざわざ意図したものでしょう。作者は「富士」と「燕」を漢字にすることで、字づらにおいてもその二つを強調して見せたかったのです。仮にすべて漢字表記にしてみると、「富士を越え湖を打つ初燕」となります。

原句と比べてみていかがでしょうか？　漢字にするかひらがなにするかで、ずいぶん一句の印象が違ってくることに気づかされますね。

富士山を越えてきた燕が湖をさっと打って飛んでくる様子が、原句のほうがより字づらを通して臨場感を伝えてきます。臨場感とはこの句の場合、「富士」を漢字にすることでその巨大な存在を際立《きわだ》たせ、その後に描かれる燕の飛んでくる有り様は、そのしなやかさや可憐《かれん》さを表すために、ひらがなによって柔らかく表現されているのです。そして読み手の眼に印象づけるように、最後に漢字で「燕」と置いて一句を締めくくっています。その年に初めて眼にする燕を「初燕」といいますが、「初」までひらがなにしたのは、作者の表記への著しいこだわりが窺《うかが》えます。

（堀本裕樹《ほりもとゆうき》「富士百句で俳句入門」）

□ (1) **［表現技法］** この俳句で用いられている表現技法として、最も適切なものを次の**ア～エ**から選び、記号で答えなさい。(10点)（　　）

ア 体言止め　**イ** 倒置
ウ 擬人法　**エ** 反復

□ (2) **［理由説明］** ――線部「わざわざ意図したもの」とあるが、最も近い意味を表している言葉を、鑑賞文中から一単語で抜き出して書きなさい。(10点)（　　）

★重要
□ (3) **［内容理解］** 鑑賞文の内容を説明した次の文の□にあてはまる内容を、十五字以内で書きなさい。(12点)

漢字とひらがなを意図的に使い分けて表記することで、□。

2 次の短歌を読んで、あとの問いに答えなさい。〔高知―改〕

A　雨蛙《あまがへる》なきいでにけりとりどりの木々の若葉のゆれあへる中に

B　朝あけて船より鳴れる太笛のこだまは長し並《な》みよろふ山

C　葛の花踏みしだかれて色あたらし。この山道を行きし人あり

D　山鳩の声聞きがたし松原をとよもす風の絶えまなくして

E　記憶には残らぬ今日を生きている子にふくませる一匙《さじ》の粥《かゆ》

F　こつこつと空地に石をきざむ音
　耳につき来ぬ
　家に入るまで

□ (1) 〔句切れ〕 Aの短歌には、意味や調子のうえで大きく分かれて句の切れ目になっているところがある。句の切れ目がAの短歌と同じものをB～Fから一つ選び、記号で答えなさい。(10点)（　　）

□ (2) 〔表現技法〕 A～Fの短歌の中で、体言止めが用いられているものをすべて選び、記号で答えなさい。(12点)（　　）

□ (3) 〔季　節〕 A～Fの短歌の中で、「夏」の季節をよんだものを一つ選び、記号で答えなさい。(12点)（　　）

□ (4) 〔内容理解〕 次の鑑賞文に合う短歌として最も適切なものをA～Fから選び、記号で答えなさい。(10点)

> 自分だけがこんな山道を歩いているのだと思っていたのに、先人がいたのだという驚きと懐かしい感情を、字余りを使ってポツリと切り、素朴な詠嘆を表している。

（　　）

差がつく
(5) 〔短歌鑑賞〕 次の文は、A～Fのいずれかの短歌の鑑賞文である。これについて、あとの問いに答えなさい。

> 時間がすぎても耳を離れない音があった。硬い響きの擬声語(ⓐ)を用いることによって、恵まれない境遇にある作者(ⓑ)の暗い心情が効果的に表現されている。

□ ① ――線部ⓐ「擬声語」とあるが、これはどの表現についての説明か。短歌の中から抜き出して書きなさい。(12点)（　　）

□ ② ――線部ⓑ「恵まれない境遇にある作者」とあるが、この短歌の作者名を漢字で書きなさい。(12点)（　　）

10 時間目

入試重要度 A B C

論説文 ③

入試攻略Points
❶中心文や重要語句を見つけよう。
❷中心段落をつかみ、内容をとらえよう。

解答 別冊10ページ

時間 40分　合格点 70点

得点　　点

1 次の文章を読んで、あとの問いに答えなさい。〔早稲田大本庄高〕

名をよぶこと

数年前のことになるが、親しい人が突然倒れた。そして一週間ほどで危篤となった。

かりにAさんとしておこう。わたしがAさんの病状の急変を聞いて駆けつけると、彼はもう昏睡《こんすい》状態で、ほとんど息をしていなかった。医者は匙《さじ》をなげたらしく病室には妻とふたりの娘がいるばかりで、おろおろと囲《まわ》りをとりかこんでいた。

その様子を見たわたしは、とっさに「さあ、みんなでAさんをよんでみましょうよ」といった。

「Aさん！」「あなた」「お父さん！」と、いっせいに叫んだ。

すると、何としたことか、急にAさんの呼吸が荒くなった。

残念ながら、この呼吸の変化はそのまま蘇生《そせい》にはつながらなかったが、わたしはこの時の感動を、今でも鮮明に覚えている。そして、ことばは、ほんとうに人間の命をとり戻す力をもっているのではないかと思う。

もちろん医学的に説明することはわたしにはできないが、よく臨死体験とよばれるものがあって、体験者によると、すうーっと死に引きずり込まれそうになった時、よび戻すことばで意識が戻ったという。

Aさんのことを考えると、これは夢うつつな幻覚ではないように思う。

そしてまた、彼の呼吸を多少とも復活させたのは、音声であってことばではなかったかもしれない。周囲の空気の乱れによるのか。

しかしわたしには、どうもそのような因果関係が信じられない。やはりこれは名がよばれたことで起こった変化ではないか。

このことを、あまり大げさに考えるのはわたし自身、慎むべきだと思うが、何はともあれ、①名をよぶことが、通常の人間関係の中で果たす役割は、絶大である。

ただ「そうだ」と相槌《あいづち》を打つより、「そうだね、太郎」といった方が、ぐんと心が近くなる。心から同意しているとも思えるし、太郎に感心している気持《きもち》さえ加わってくる。

わたしは小学生などと対話する時は、「どうかな、B君」と胸の名札を見ながら質問することにしている。何しろ好意を示さないと、答えてもらえないかもしれないのだから！

わたしはAさんの場合を最たるものとして、いつでも、どこでも名前をよぶという言語表現こそが、人間と人間を結びつけ、親密さを生むのではないかと思う。それほどに力強く、すばらしい表現だと確信している。

［ A ］

よく知られていることだが、十世紀の初めにできた『古今和歌集』には卓抜な序文がついていて、和歌とは何かを明確に規定している。

力をも入れずして天地《あめつち》を動かし、目に見えぬ鬼神をもあはれと思はせ、男女《をとこをんな》の中をも和《やは》らげ、猛《たけ》き武士《もののふ》の心をも慰むるは歌なり。（「仮名序」）

ここで説く和歌の力は四つ。天地を変える力、魂や心を感動させる力、男女の愛をつなぐ力、そして荒魂《あらたま》を鎮《しず》める力である。

具体的には天神地祇《てんじんちぎ》に祈って雨を降らせたり、五穀をみのらせたりする力。

影も形も見えないから、存在しないかに見えながら、もっとも強く物事を操作している体内の霊格まで感動させて、美醜、善悪を判断させる力。

和歌を交わし合うことで愛を伝達しうる力。

そして粗暴の者にもやさしい感情を起こさせる力、そのようなものであろう。

しかし、②押しなべていえることは、和歌がもつふしぎな力である。機械力でも腕力でもいい、具体的ないかなる力でも不可能なことを可能にしてしまう力を歌はもつというのである。

ふしぎの物に訴えかけ、ふしぎの結末をもたらす、ふしぎの力。和歌はそれをもつという。

なぜであろう。散文だって、同じ日本語だのに。

地球上の人種にさまざまな呼吸の仕方があるなかで、そもそも五七調とは、自然な日本人の呼吸法によるものだという。

それに従うなら、和歌はごく本質的で生命的な形で発せられるのだから、われわれの人為をこえた、命そのものと響き合う形式にととのえられたことばだと、いうことになる。

この和歌観は、本居宣長《もとおりのりなが》が、人間がもつ始原的な感動――もののあわれを述べるのが和歌だといったことと、実体がひとしい。

いわば、生命のリズムとしてことばが発露すること、それがふしぎの物との交霊に成功するというのが、『古今和歌集』序文作者の主張であった。

神から授けられることばは和歌のことばで発せられ、人間は祈りを和歌のことばで捧《ささ》げる。愛は命のことばによって芽生え、武士は命のことばによって荒魂を和魂《にきたま》とすることができる。

この意見は事例を現代ふうに変えれば、いささかも違和感がない。もっとも力強く霊魂と交信さえできることばは、生き生きとした、命あふれたことばであろう。喜びにつけ悲しみにつけ、和歌となって③体から奔流することばこそが逞《たくま》しい。虚飾にみちたことばは、何の役にも立たないのである。

真率な命のことばをもとう。それが美しく生きるこつである。

B

ただ、和歌のことばというと、形式だけを理解して、いわゆるやまとことばと考える向きがある。

事実、やまとことばはやさしいから、鬼神をあわれと思わせるとか、男女の仲をやわらげるとかいうことと、よく合う。

しかし一概に、やさしいことばがよい、というものではない。近ごろは日本中の都市が政策を掲げて「住みよい街づくり」とか「緑豊かな町」などといって、環境整備、緑化推進などという硬い漢語を避ける。

それで満足してしまうのは、ことばのやさしい響きにごまかされているだけだろう。都市政策などというものは、もっと具体的で事項的なものだ。だからそのばあいに、やまとことばを使って情緒的にすませてしまうのは、正しいことば遣いとはいえまい。やまとことばにも、功罪があることを、知るべきだろう。

だから反対に男女の仲にはやまとことばの情緒が役立つ。にもかかわらず漢語まじりの、しかも和歌的でない手紙をかくと、概念はきっちりと規定されたけれど、男女の仲をやわらげるわけにはいかない。

こういう逸話がある。平安時代の色男に平中《へいじゅう》という者がいた。思い込んだ女にせっせと恋文を送るが返事をくれない。そこで平中、色よい返事をくれずとも、せめて手紙を見たぐらいの返事はくれてもいいではありませんかと、手紙を書いた。

すると女、平中の手紙の「見たぐらいの返事は」というところの「見た」の部分だけをちぎって使いの者に持たせて帰らせたとか。

手紙をちぎった「見た」は、④一切の情緒を切りすてた、機能だけのことばである。ふしぎの物に働きかけることばとは、正反対である。

要するにことばは、それぞれの場にふさわしいものが最高だということだ。都市政策が恋文もどきでは如何《いかん》ともしがたい。反対に男女の恋文が政策要綱ごときでは、何の役にも立たない。

しかもことばの中で伝えるべき情報の量も問題である。ビジネスのことばは、ほとんど百パーセントが情報であろう。反対に井戸端会議のことばには、必要情報は零《ゼロ》かもしれない。ただ喋《しゃべ》っていればいい。

こうした情報量の斟酌《しんしゃく》もふくめて、どのようなことばが適正かを考える時に、ことばの美しさも力も、期待できるかと思われる。

（中西進《なかにしすすむ》「日本語の力」）

★重要

□ (1) ［要　約］ A ・ B にあてはまる小見出しとして最も適切なものを次の**ア～エ**からそれぞれ選び、記号で答えなさい。（10点×2）

A （　　）　**B** （　　）

A
ア ふしぎのことば　**イ** ととのえられたことば
ウ 愛のあることば　**エ** 命あることば

B
ア 適正なことば　**イ** 和歌のことば
ウ やさしいことば　**エ** 美しいことば

□ (2) ［内容理解］――線部①「名をよぶことが、通常の人間関係の中で果たす役割」とあるが、この「役割」について具体的に述べている部分を文中から二十字以内で抜き出して書きなさい。（20点）

□ (3) ［語句の意味］――線部②「押しなべて」とほぼ同じ意味の副詞を、これ以降の文中から三字で抜き出して書きなさい。（15点）

□ (4) ［理由説明］――線部③「体から奔流する」とあるが、和歌のことばについて、このようにいえるのはなぜか。文中の言葉を用いて、二十字以内で書きなさい。（20点）

差がつく

□ (5) ［内容理解］――線部④「一切の情緒を切りすてた、機能だけのことば」とあるが、これはどのようなことばか。文中の言葉を用いて、四十字以内で書きなさい。（25点）

11 時間目

論説文 ④

入試重要度 A B C

1 **次の文章を読んで、あとの問いに答えなさい。**〔都立戸山高―改〕

　現生人類の誕生とその飛躍的な世界放散のありさまを知ると、人間はほとんどその誕生の当初からじつに旺盛な経済行為の実践者であったことが分かる。

　たとえば、ネアンデルタール人が進化してクロマニヨン人になったのではない、クロマニヨン人がネアンデルタール人に取って代わったのだという見解を支持する証拠の一つは、①その行動半径が一挙に飛躍的に延びたことなのだ。ネアンデルタール人の段階では、使われる石器の素材はせいぜい五十キロメートル以内から求められたにすぎないが、クロマニヨン人の段階になるとその距離は一挙に数百キロへと拡大する。むろん、それだけの距離を歩き回っていたのではない。交易を行っていたのである。（中略）

　物々交換であれ沈黙交易であれ、とにかく現生人類の祖先は、歴史の始まるはるか以前から交換することを知っていたのである。クロマニヨン人は象徴を理解し、芸術を開始していただけではない。交易も行っていたのだ。言葉も芸術も交易も、ほぼいっせいに開花したというこの事実は、現代的なるものとして語られることの多いメディアの実質が、じつは現生人類の誕生の一瞬からおよそ変わっていないことを物語っている。

　人間は必要に応じて物を交換すると普通は思われている。だが、ネアンデルタール人からクロマニヨン人への決定的な飛躍は、むしろ逆に、交換が欲望を生み、必要を生んだことを教えている。物の交換とは情報の交換でありすなわちメディアであるとすれば、メディアこそが欲望を生み、必要を生んだのである。ネアンデルタール人とクロマニヨン人の違いは、まさにこのメディアの有無にかかわっているように思われる。際限もなく欲望を掻《か》き立てるものとしてのメディアの有無に。つまるところ、②ネアンデルタール人には、なぜクロマニヨン人が「装身具など」にそれほど血道を上げるのか理解できなかったのだ。

　むろん、ここからは経済人類学の領分である。そして、事実、多くの学者が、共同体間の接触が欲望を生み、その欲望が労働をもたらしたと考えている。すなわち、農産物に余剰が生じたから交換したのではない。交換したかったから余剰を作るように努力したのだというのである。そう考えなければ、猿から人への進化は理解できない。ネアンデルタール人からクロマニヨン人への飛躍は理解できないのである。猿に労働はない。ただ人間だけが苦しんでも何かを獲得しようとする。すなわち労働するのである。

　経済人類学の見地に立つと、原因と結果が逆に見えてくる。最初にまず交換があったのだ。それからその交換の場として集落が成立する。さらに、そこで交換するための物を生産するために、農業が始められ、漁業が始められるようになった。つまり、農村が発展して都市になったのではない、逆に都市が農村を生んだのだ。いかに奇矯に聞こえようとも、

入試攻略Points
❶繰り返し使われているキーワードを探そう。
❷段落ごとの要点をとらえよう。

解答 → 別冊10ページ

時間 40分　合格点 70点

得点　　点

これは考古学的な事実なのである。先の文脈に立って言えば、メディアが都市を生み、農村を生んだのだ。

交換の起源はおそらく再分配にある。たとえば人類学者の山極寿一《やまぎわじゅいち》は、類人猿と人間との違いは狩猟採集したものを巣に持ち帰って再分配するか否《いな》かにあると言う。その場で食べたいという欲望を抑え、他者が獲得したものと合わせて、それらを分配し直すことをするか否かにあるというのだ。会食は人間にとっていまもきわめて意味の濃い行為だが、会食すなわち再分配ができるようになるには、他者の気持ち、他者の欲望を理解できなければならない。というより、他者になってしまわなければならないのである。

現生人類の飛躍の鍵はここにあるように思える。③クロマニヨン人はネアンデルタール人をはるかに凌駕《りょうが》して、他者になることができたのだ。他者に、すなわち自分自身に。

言うまでもなく、自分を意識するとは他人の目で自分を見るということである。他人の立場に立たなければ、自分というものはありえない。自分になることと他人になることとは、一つのことであって二つのことではない。逆に言えば、自我とは、自分というひとりの他者を引き受けることにほかならないのである。ただ人間だけが名づけられ、その名を自己として引き受けるのだ。この授受にすでに交換が潜んでいる。

人間とは他人になった動物である。だからこそ、人間は自分が自分であるという事実に驚愕《きょうがく》し、恐怖さえ覚えるのである。これこそ、人間が装身具に血道を上げるほかなくなった理由なのだ。装身具とは、自分が自分であることの恐怖に耐える方法にほかならなかったと言うべきだろう。自分とは一つの空虚であり、この空虚こそが、名への、装身具への、交換への、所有への欲望をもたらしたものなのである。この空虚を、むろん魂と呼んでもいいが、しかし同時に、経済行為の萌芽《ほうが》と呼んでもいいだろう。

クロマニヨン人とともにシャーマニズム*が登場する。シャーマニズムが他者になるための洗練された技術である以上、これはまさに必然というべきだろう。ここでエリアーデ*をはじめとするシャーマニズムをめぐる煩瑣《はんさ》な議論を紹介するわけにはいかないが、シャーマニズムによって、どのような他者にでもなれる人間というものの仕組みが、一つの制度として目に見えるものになったのである。要するに、人間は、熊にでも、鹿にでも、木にでも、岩にでもなれる存在なのだ。自分自身になれるとはそういうことだ。同じように、王にも皇帝にもなれるし、国家そのもの、共同体そのものにもなれるのである。あるいは奴隷にも、市民にも、国民にも、国際人にも、なれる。アイデンティティを問うという病がこうして発生した。あるいは、社会という病がこうして発生したのである。

繰り返すが、シャーマニズムは決してオーリニャック期*のクロマニヨン人にのみ見られるものではない。いま現在、いたるところに見られるというべきだろう。人はいまなお、化粧によって、衣裳《いしょう》によって、所有物によって、社会的地位によって、自己を確認する。テレビ・ショッピングでも、インターネットによるカタログ販売でもいい。そこで売買される商品は、「黒海から七〇〇キロメートルも離れた中央ロシア平原の遺跡まで交易網を通じて運ばれていた」化石琥珀《こはく》と、何ら変わるところはないのである。四万年前とまったく同じように、ここでもまた④メディアが欲望を生んでいるのだ。そしてその欲望は、空虚としての自己のあらわれにほかならない。

（三浦雅士《みうらまさし》「考える身体」）

*シャーマニズム＝宗教者が自らの意識と身体を超常的な存在に明け渡して相手に成り代わることで、その言葉を人々に伝える宗教の原始形態。
*エリアーデ＝ルーマニアの宗教学者。
*オーリニャック期＝約三万年前の後期旧石器時代。

□ (1) 〔内容理解〕——線部①「その行動半径が一挙に飛躍的に延びた」とあるが、これを説明したあとの文の□にあてはまる内容を文中の言葉を用いて十五字以内で書きなさい。（20点）

□が一挙に飛躍的に拡大した。

□ (2) 〔理由説明〕——線部②「ネアンデルタール人には、なぜクロマニヨン人が『装身具など』にそれほど血道を上げるのか理解できなかったのだ」とあるが、その理由として最も適切なものを次の**ア**〜**エ**から選び、記号で答えなさい。（25点）

ア ネアンデルタール人は、日常的に絶えず物の交換を行っており、交換の中に潜む欲望をあおる作用に無関心でいられたから。

イ ネアンデルタール人は、農業や狩猟採集から生じた余剰品を交換する習慣がなかったため、欲望を制限することができたから。

ウ ネアンデルタール人は、交換がもたらす情報を仲間同士で再分配することで、物への強い欲望に突き動かされずに済んだから。

エ ネアンデルタール人は、物の交換を情報の交換として感受することがなく、必要以上に欲望を刺激されることがなかったから。

（　　）

★重要

□ (3) 〔内容理解〕——線部③「クロマニヨン人はネアンデルタール人を……すなわち自分自身に」とあるが、このことがクロマニヨン人に及ぼした影響についてあとの文にまとめた。 a 〜 c にあてはまる適切な言葉を、 a は二字、 b は七字、 c は二字で文中から抜き出して書きなさい。（10点×3）

自分という a を抱えたクロマニヨン人は、 b 手段として物への c をつのらせていった。

a
b
c

□ (4) 〔内容理解〕——線部④「メディアが欲望を生んでいるのだ」とあるが、欲望を生んでいるメディアの例として最も適切なものを次の**ア**〜**エ**から選び、記号で答えなさい。（25点）

ア テレビを見ていて、宣伝されている商品が欲しくなったので、それと同じものを買った。

イ インターネットショッピングのサイトで商品カタログを見たが、とりたてて興味がわかなかった。

ウ インターネットで販売されている商品を店で見かけたが、思っていたものとは違っていた。

エ 雑誌に紹介されていた服を友達が着ているのを見て、同じものがほしくなった。

（　　）

12 時間目

入試重要度 A B C

論説文⑤

1 次の文章を読んで、あとの問いに答えなさい。〔愛媛―改〕

1 子供のころ、よく①お使いに行かされた。家と家とのつきあいにかかわる使者としての役目を持つお使いもあった。家の人から、相手の家を訪れたときのおじぎの仕方、あいさつの口上*を教えられた。「私は、石毛から参りました。本日は……」といったような、覚えたばかりの、形式ばった口上をたどたどしく話す私に、先方は笑いもせずに、「これは、これは、ご苦労様です。」と大人に対するのと同じような口調でまじめに応対するのであった。「型どおり」にふるまったときには、子供も一人前として認められたのである。

2 礼法や茶室での作法に見られるように、日本の伝統的な立ち居ふるまいは、型を重視する。型を完全にマスターしたのち、非常に才能のある者だけが、②「型やぶり」をして、自由な自己表現をすることが許されるが、型やぶりは非難の対象とされることが多い。そのかわりに、型どおりにすれば、だれでもが恥をかかずに一人前にふるまうことが可能なのである。決まり切った型の枠内でふるまう限り、③対等に扱われたのである。

3 ④規範としての約束事が型である。あいさつ、手紙の書き方、身のこなし方など、社会的コミュニケーションの場面で、型が機能するだけではない。型にのっとってふるまうことは、日本文化を特徴づける表現様式であった。［A］、伝統的な芸術にも、型の観念がかかわってくる。

4 伝統的な日本料理は、「目で楽しむ料理」としての性格が強い。左右対称形に料理を盛るヨーロッパや中国に対して、日本料理では奇数を重んじる盛りつけをしてアンバランスの美を追究する、料理に季節感を表現するなど、日本文化独自の美学を懐石料理*に読み取ることができる。それを見た外国人が、「これは芸術家の作品だ。」と感嘆したりするが、板前にしたら、伝授された型にしたがいながら仕事をしているだけのことである。職人として、きちんと修業し、型を守っていたら、だれでも芸術性を表現できるのだ。

5 能、人形浄瑠璃、歌舞伎など、古典芸能といわれるものは、型の芸術である。舞台芸術でのクライマックスのときの、一瞬静止したポーズが型であると思われがちである。しかし、それは型の一部分であるというに過ぎない。舞台での劇的な見せ場を作るための一連の様式化された、しぐさや、せりふの口調などによる人体表現が型である。別の言い方をしたら、見せ場でのパターン化された演出の仕方である。それが、［B］にとっての見せどころであり、その様式を心得た［C］にとっての見どころである。日本の古典芸能は、様式の美学によって成立している。

6 演技者は、はじめは先輩に教えられた型にしたがって演技を学ぶ。そのうち、才能のある者は伝承された型をさらに洗練させ、自分の型を作り出す。それが好評を博すると、だれだれの型という名で次代に継承されるのだ。天才的な演技者にとって、型は型やぶりをするために存在するものかもしれない。

入試攻略Points

❶文章の中心となる話題を読みとろう。
❷筆者の意見や感想を読みとろう。

解答 ⇩ 別冊 11 ページ

時間 40分　合格点 70点

得点　　点

7 ⑤日本の伝統文化において、様式の美学は今なお健在である。しかし、日常生活では、型の文化が失われつつある。[D]、手紙がそうである。*時候のあいさつを織り交ぜた型どおりの文例にのっとって、だれでも手紙を書くことができた。それが、今では、手紙を書くことよりも電話やメールを使うことの方が多くなった。伝統的な食事作法は、正座をして、銘々膳に向かって、箸だけを使って食べることを前提としている。いすに腰掛け、ダイニング・テーブルで箸とナイフやフォークも併用し、和洋中の様々な料理が並ぶ、現代の家庭における食事作法は、教えてくれる人がいない。時代が移り変わっていく中で、現代生活にふさわしい型を創出していかねばならない時期に、今きているのである。

（石毛《いしげ》直道《なおみち》の文章による）

*口上＝口で言う型にはまった言葉。
*懐石料理＝茶の湯の席などで出す料理。
*時候＝四季それぞれの気候のこと。

□ (1) ［内容理解］——線部①「お使い」とあるが、これはどんな場面であるということができるか。文中から十五字で抜き出して書きなさい。（10点）

□ (2) ［内容理解］——線部②「型やぶり」とあるが、本文の趣旨に添って伝統的な芸能における型やぶりについて述べたあとの文の□にあてはまる言葉を、3段落以降から二十五字以内で抜き出して書きなさい。（10点）

伝統的な芸能における型やぶりとは、□ことであり、人々から認められれば、一つの型として定着していくことになる。

差がつく
□ (3) ［内容理解］——線部③「対等に扱われた」とあるが、子供のころ、家の使者としての役目を持つお使いに行った「私」は、具体的にはどのように扱われたのか。1段落の文中の言葉を用いて、三十字以内で書きなさい。（10点）

★重要
□ (4) ［内容理解］——線部④とあるが、本文の趣旨に添って「型」について述べたあとの文の a ・ b にあてはまる言葉を、a は文中から七字で抜き出し、b は文中の言葉を用いて二十字以内で書きなさい。（10点×2）

a

b

型は、行動や判断の基準として日本で伝統的に重視されてきたが、時代の変化に伴い、普段の生活の中では今や［a］ので、［b］が必要である。

□(5)【接続語の補充】［A］・［D］にあてはまる言葉の組み合わせとして最も適切なものを次のア〜エから選び、記号で答えなさい。(10点)（　　）

ア　A しかし　B 主役　C 脇役　D やはり
イ　A したがって　D たとえば
ウ　A なぜなら　D あるいは
エ　A さらに　D むしろ

□(6)【語句の補充】［B］・［C］にあてはまる言葉の組み合わせとして最も適切なものを次のア〜エから選び、記号で答えなさい。(10点)（　　）

ア　B 主役　C 脇役
イ　B 評論家　C 出演者
ウ　B 役者　C 観客
エ　B 脚本家　C 演出家

□(7)【内容理解】――線部⑤「日本の伝統文化において、様式の美学は今なお健在である」とあるが、この内容の説明として適切でないものを次のア〜エから選び、記号で答えなさい。(10点)（　　）

ア　礼法や茶室での作法などでは、型どおりにすれば、だれでもが恥をかかずに一人前にふるまうことができる。
イ　日本料理では、職人としてきちんと修業し、型を守っていけば、だれでも芸術性を表現することができる。
ウ　能や人形浄瑠璃や歌舞伎などでは、一連の様式化された人体表現の型で、舞台での劇的な見せ場を作ることができる。
エ　古典芸能では、はじめは先輩に教えられた型にしたがって演技すれば、しだいに独自の型を作り出すことができる。

□(8)【要　旨】本文で述べられている内容として最も適切なものを次のア〜エから選び、記号で答えなさい。(20点)（　　）

ア　型は、人々が社会の中で自分の思いや考えを互いに伝え合う場面で重要な役割を果たすだけでなく、日本文化を特徴づけるものでもあった。
イ　外国人は、季節感を表現する懐石料理の美しさに対して感嘆し、長い年月をかけて磨き上げられてきた調理の技法を習得しようと努力する。
ウ　歌舞伎では、舞台での劇的な見せ場を作るために、しぐさやせりふの口調などによる人体表現よりも一瞬静止したポーズを大切にしてきた。
エ　型の文化を守るためには、目新しいものに心を奪われることなく、礼法や食事作法などの古い習慣を次の世代に引き継がなければならない。

入試重要度 A B C

小説 ③

1 **次の文章を読んで、あとの問いに答えなさい。**〔広島―改〕

　昇平は傾斜の緩いところで勢いをつけ、だんだんきつくなる登り坂に一番軽いギアで突っ込んでいった。スピードはすぐに落ちたが、それまでには随分と草太に差をつけることができた。ちらりと振り返ると、草太は何メートルも後ろにいる。①どんなもんだと思った。自転車のペダルはだんだん重くなってきたけれど、②その登り坂の手応《てごた》えを自分の力のように感じた。

　しばらく走り、もう一度後ろを振り返った。余裕のあるところを見せつけて、草太を悔しがらせてやろうかと思ったのだ。③だけど草太は、悔しがってなどいなかった。昇平と④目が合った瞬間、楽しげに笑いかけてきたのである。意外だった。驚いた拍子にハンドルまで揺らいでしまった。草太は、ただ坂を登ることを楽しんでいる。余裕ぶったり昇平を軽く見たりしてるわけじゃなく、こうして一緒に走れることを嬉《うれ》しがっている。(ア)勝負だとⓐ息巻いていたのは昇平だけだったのかもしれない。

――考えてみれば、先に坂を登った方が勝ちだと決めたわけでもないのだ。必死で先を急いでいたことが、なんだか馬鹿みたいに思えてきた。そう思った途端、自分の息が乱れているのに気がついた。体が熱い。ペダルを踏む脚には最初ほどの力が入らなくなっている。

まだ、坂道の半分くらいまでしか来てはいなかった。先は長いというのに、脚は既に疲れはじめている。⑤やばいと思った。大口を叩《たた》いて坂に挑んだのに、やっぱり登れませんでしたというわけにはいかないだろう。このまま途中でばてたりしたら、格好悪くて話にもならない。サドルから腰を上げ、必死にペダルを踏み込んだ。全身の力をふりしぼろうと、体を左右に振って進んだ。草太は勝負じゃないと思っているとしても、昇平には昇平の意地がある。草太に勝つとか負けるとかじゃなく、一度登れると言ったからにはこの坂道を登りきらなければならないのだ。もう後ろを振り返る［ A ］なんかなかった。ただ必死でこいでいくだけだったが、草太の気配は次第に近づいてくるようだ。リズミカルなペダリングの音が、だんだん背中に迫ってくる。草太に追いつかれるのは時間の問題だった。⑥それでもいいと思った。草太の方が速く登れるのならそれでいい。自分にとって何より大事なのは、足をつかずにこの坂を登りきることなのだ。

　やがて草太が昇平に並んだ。⑦目が合った時には、昇平の方から笑ってみせた。⑧顎を振り、草太に向かって先に行けと促した。喋《しゃべ》るとさらに呼吸が乱れそうで、声を出す気がしなかったのだ。(イ)⑨草太も黙って頷《うなず》いた。サドルから腰を浮かせ、立ちこぎになって加速していく。差はじりじりと開いていった。草太の両脚は軽快に回り、自転車はまっすぐに坂を登っていく。昇平は既に、まっすぐは走れなかった。立ちこぎするのも辛くてサドルから腰を上げることもできない。それでも、足だけは意

入試攻略Points

❶クライマックスはどこかを正しくつかもう。
❷主人公の中心的な考えを読みとろう。

解答 別冊 12 ページ

時間 45分　合格点 70点

得点　　点

1時間目 2時間目 3時間目 4時間目 5時間目 6時間目 7時間目 8時間目 9時間目 10時間目 11時間目 12時間目 13時間目 14時間目 15時間目 総仕上げテスト

地でもつかないことに決めていた。坂のてっぺんまで、何が何でも辿《たど》り着くのだ。

前を行く草太は坂の七割ほどに達していた。そのあたりで右に曲がれば昇平の家に向かう道だったが、そっちには(い)目もくれずに走り続けている。一緒にこの坂に挑んだ小学生の頃とは別人みたいな後ろ姿が、逞《たくま》しくペダルを踏んで上へ上へと進んでいく。（ウ）だけど昇平だって、あの頃にはなかった力を身につけているはずだった。現に今も、ペースを落としている間に脚は少しずつ［B］なってきている。大きく息を吸い込み、サドルから腰を浮かせた。ハンドルを強く握りしめ、自分の体に引きつけるように力をこめた。出せるだけの力を出して立ちこぎし、疲れてきたら座りこぎに戻る。――そのパターンを繰り返して走っていると、やがて草太の歓声が聞こえた。何と言ったのかは分からなかった。顔を上げると、草太の姿が目に飛び込んできた。草太は坂の頂上にいた。登り坂が平らな道に変わるところまで達していた。サドルの上で、草太が大きく腕を突き上げている。ついに登りきった喜びを、体じゅうで表している。（エ）再びサドルから腰を上げ、昇平はペダルを踏みしめた。

昇平が［C］登りきった後、二人は地面に座り込んで下を眺めた。坂の上から周りを眺めるのはいい気分だった。

小さい頃から何度となく見てきた景色だけれど、今朝は特別なのだ。登り坂を征服した後で見る景色は、自分自身の力で手に入れたものだった。「登ったなあ。」草太が呟《つぶや》いた。昇平も荒い息で頷いた。「ああ、登った。」火照《ほて》った頬を汗がつたった。

（竹内真《たけうちまこと》「自転車少年記」）

□ (1) ［内容理解］――線部①「どんなもんだと思った」とあるが、この言葉から昇平のどんな様子がわかるか。最も適切なものを次の**ア〜エ**から選び、記号で答えなさい。（7点）

ア 草太が悔しがっている様子を見て喜んでいる様子。

イ 草太と坂道を登る勝負をしているつもりになっている様子。

ウ 草太に軽く扱われていることに腹を立てている様子。

エ 草太の挑戦的な態度をもてあましている様子。

（　　）

□ (2) ［心情理解］――線部②「登り坂の手応えを自分の力のように感じた」とあるが、このときの昇平の気持ちとして最も適切なものを次の**ア〜エ**から選び、記号で答えなさい。（7点）

ア 坂道を登るにつれて自分の自転車の腕前も上がったように思えてきて、得意になっている。

イ 坂道がきつくなるほど重たくなるペダルをこぎ続けられることを、誇らしく思っている。

ウ 自分にはこの坂道を自転車で乗りこなす自信があるので、次第に気持ちが高ぶってきている。

エ この坂道の様子が手にとるようにわかっている自分に、本当の実力のあることを感じている。

（　　）

□ (3) ［内容理解］――線部③「だけど草太は、悔しがってなどいなかった」とあるが、このときの草太の様子として最も適切なものを次の**ア〜エ**から選び、記号で答えなさい。（7点）

（　　）

ア　昇平と一緒に坂を登ることを、心の底から楽しんでいる様子。
イ　昇平に負けるのは仕方がないと、勝負をあきらめている様子。
ウ　最後には自分が勝つに決まっているので、あせらず落ちついている様子。
エ　昇平のことなど目に入らないほど、すっかり疲れきっている様子。

差がつく
□ (4) 【心情理解】――線部④「目が合った瞬間」と、――線部⑦「目が合った時」では、坂を登ることに対する昇平の気持ちは、どのように変化しているか。「……気持ちが、……気持ちに変化している。」という形で、五十五字以内で書きなさい。（10点）

□ (5) 【語句の意味】══線部あ「息巻いていた」・══線部い「目もくれずに」とあるが、あ「息巻く」・い「目もくれない」の意味として最も適切なものを次のア～オから選び、それぞれ記号で答えなさい。（5点×2）　あ（　　）　い（　　）

あ　ア　仕方なく要求をのむこと。
イ　相手を軽んずること。
ウ　はりきって意気込むこと。
エ　自分の考えを押しつけること。
オ　思いきり息をはくこと。

い　ア　目を閉じないこと。
イ　見ようとしないこと。
ウ　見るのを我慢すること。
エ　注意が足りないこと。
オ　期待に満ちあふれていること。

□ (6) 【心情理解】――線部⑤「やばいと思った」とあるが、このときの昇平の心情として最も適切なものを次のア～エから選び、記号で答えなさい。（7点）　（　　）

ア　自転車が途中で壊れるのではないかと、ひやひやしている。
イ　草太に勝負を挑まれているのではないかと、どきどきしている。
ウ　草太に相手にされていないのではないかと、びくびくしている。
エ　坂道を登り切ることができないかもしれないと、はらはらしている。

□ (7) 【語句の補充】［A］にあてはまる言葉として最も適切なものを、第二段落までの中から漢字二字で抜き出して書きなさい。（7点）

□ (8) [指示語の内容] ――線部⑥「それでもいいと思った」とあるが、「それ」が指している内容を書きなさい。(7点)

(　　　　)

□ (9) [四字熟語] ――線部⑧「顎を振り、草太に向かって先に行けと促した」・――線部⑨「草太も黙って頷いた」とあるが、このときの草太と昇平の様子を四字熟語で表したとき、次の X ・ Y にあてはまる漢字をそれぞれ書きなさい。

X 心 Y 心

(5点・完答) X □ Y □

□ (10) [語句の補充] B にあてはまる適切な言葉を、考えて書きなさい。(7点)

(　　　　)

□ (11) [語句の補充] C にあてはまる適切な言葉を次のア～オから選び、記号で答えなさい。(5点)

ア いくども
イ すんなり
ウ ばったり
エ どうにか
オ ほとんど

(　　　　)

★重要

□ (12) [主　題] ――線部⑩「小さい頃から何度となく見てきた景色だけれど、今朝は特別なのだ」について、あとの文章は、昇平のこの気持ちについて述べたものである。 a にあてはまる言葉を、十五字以内で書きなさい。また、 b にあてはまる適切な言葉をあとのア～オから選び、記号で答えなさい。(7点×2)

a □□□□□□□□□□□□□□□

b (　　　　)

昇平は、 a ことに達成感を覚えた。さらに、その達成感を草太と一緒に感じられたことが b 。これらのことから昇平は、見慣れた景色を特別なものに感じたのである。

ア 心強かった
イ 腹立たしかった
ウ 快かった
エ 照れ臭かった
オ 緊張感を強めた

□ (13) [文脈理解] あとの文は、文中の(ア)～(エ)のいずれかの箇所に入る。どの箇所に入れるのが最も適切か。(ア)～(エ)から選び、記号で答えなさい。(7点)

その姿が昇平にも力を与えてくれるようだった。

(　　　　)

入試重要度 A B C

小説 ④

入試攻略Points

❶登場人物の人物像をとらえよう。
❷主人公の言動に注目して、小説の内容をつかもう。

解答 別冊 12 ページ

時間 45分　合格点 70点

得点　　　点

1 次の文章を読んで、あとの問いに答えなさい。〔愛知—改〕

廃校が決まった中学校の三年生のぼく(長谷川優太《はせがわゆうた》)は、膝の故障でサッカーをあきらめ、モー次郎(山田幸次郎《やまだこうじろう》)とともに、姫と呼ばれている岡本暁人《おかもとあきと》しか部員のいない水泳部に入部する。姫は県の記録保持者だが、突然水泳部をやめると言い出し、顧問のウガジン(宇賀神《うがじん》先生)は怒って部の解散を命じる。その後、水泳部に戻りたいと申し出た姫に、ウガジンは復帰の条件として、三人での*トライアスロン大会参加を提示する。

[1] 「じゃあ、今日のところは帰りますね。失礼しました」姫が職員室の出口へ向かった。ぼくとモー次郎も続く。ところが、①ウガジンがトライアスロン大会の申込書をひらひらさせながら追いかけてきた。「ちょっと待て、おまえら。これをよく見てみろ。この第一回桜浜《さくらはま》ジュニアトライアスロン大会はな、たくさんの参加者を募るためにいろんなローカル・ルールがもうけられているんだよ」「ローカル・ルール？」なんのことだかわからずに、ぼくは聞き返した。「簡単に言えば、この桜浜の大会だけの特別ルールだ。今大会にはそのローカル・ルールのひとつとしてリレー部門があるんだよ。スイム、バイク、ランに一人ずつ出て、リレーをするんだ。つまり、三人ひと組のチームとして参加できるんだよ」「なるほど、それならばおれがスイム担当で出りゃいいってわけですね」姫がさっそく飛びついた。「さすが岡本。話ののみ込みが早い」ウガジンは拍手で姫を褒めたたえる。姫はモー次郎の肩をたたいた。「おまえはいつも自転車で牛乳配達してるからバイク担当でいいよな」「もちろん。自転車なら自信があるよ。毎朝三時間は自転車に乗ってるからね」「三時間か。すげえな。オーケー。それじゃ、ラン担当は優太ということで」「ちょっと待てよ」話がどこまでも勝手に②転がっていきそうなので、ストップをかけた。「なんだよ優太」「勝手に決めるなよ。トライアスロンに出場するなんて、ひと言も言ってないだろ」そもそもぼくは一人三競技だろうが、一競技だろうが、③最初から出るつもりはなかった。「いいじゃんか。おれを助けると思って出てくれよ」なれなれしい口調で語りかけてくる姫を無視して、ウガジンに詰め寄った。「先生はぼくの膝が悪いことを忘れたんですか。ちょっと走るくらいならいいですけど、優勝なんて絶対無理ですよ。もし優勝したいんだったら、ぼくをメンバーからはずしてください」

[2] 「おい、優太」いきなり姫に腕をつかまれて、職員室の外まで連れていかれた。「痛いな。なんだよ」姫の手を振りほどく。「落ち着けよ。冷静になれって。いいか？ おれの水泳部復帰のために優太を巻き込んだのは悪いと思ってるよ。でもな、ウガジンはおれの復帰の条件として、トライアスロン大会への参加を言ってきてるだけなんだよ」「うん？」「つまりな、優勝しなきゃだめとは言ってないだろ」④そう言われればそうだ。「おれたちはトライアスロン大会に参加すればそれで

1時間目 2時間目 3時間目 4時間目 5時間目 6時間目 7時間目 8時間目 9時間目 10時間目 11時間目 12時間目 13時間目 14時間目 15時間目 総仕上げテスト

いいんだよ。優太はだらだら走ってくれるだけでいいのさ。そもそもさ、トライアスロン大会は全中*のあとなんだぜ。全中に出られさえすれば、そのあとのトライアスロン大会でビリを取ろうが、途中で棄権しようが、関係ないってことだよ。学校がなくなるんだかなんだか知らないけど、卒業しちまうおれたちには関係ないよ。おれたちはただ出ればいい。わかったか」姫の言っていることはわかった。でも、迷った。たとえランパートだけにしても、膝の悪いぼくがトライアスロン大会に出るわけにはいかない。クラスのやつや、サッカー部のやつらに、出場することを知られたら都合が悪い。なんだよ走れるんじゃないか、なんて後ろ指さされることになる。ぼくの膝は壊れたことになっているのだ。「やっぱり無理だよ。膝が悪いから」〈A〉すると、姫の顔から表情がさっと消えた。視線はぼくの目に固定されたまま一ミリも動かない。そして、その瞳がぞくっとするほど冷たいのだ。一瞬にして⑤鳥肌が立った。（中略）

3 「お前さ、もう⑥猿芝居はやめろよ」冷たくて乾いた声だった。「なにが芝居なんだよ」「膝が悪いなんてうそをつくのはやめろ」一瞬、息が止まった。「うそじゃないよ」「本当は痛くなんかないんだろ」「痛いけど我慢してるんだよ。痛くないふりをしようって努力してるんだ」〈B〉「ちがうだろ。痛いふりをする努力をしてるんだろ」「そんなことないよ」「言い訳はしなくていいぜ。前から思ってたんだけどさ、うそついてるのミエミエだぜ」「いいかげんなこと言うな」「いいかげんなのは優太だろ。膝が痛い、痛いって言うわりにはよ、帰りのホームルームが終わった瞬間にダッシュで帰ってるじゃん。おかしいだろ。というかさ、きっとクラスのやつらもおかしいって気づいてるぜ。気づいてないのは優太自身だけじゃないのか」〈C〉「なあ、優太。おまえ、なんか逃げたいことがあるんだろ。そのために膝が痛いっていう言い訳を用意してあるんだろ。ちがうか」「そんなんじゃないよ。本当に痛いんだ」「去年からおまえには水泳部に来てもらってるわけだけどよ、おまえのタイムどんどんよくなってたぞ。どっか故障してるとは思えないくらいにさ」「適当に話を作るなよ」「おれタイム計ってたもん。それに、おれくらい水泳を長くやってれば、泳ぎ方を見ただけでも故障を抱えてるかどうかくらいわかるもんさ」⑦思わずあとずさりした。姫はいままでぼくの膝のうそを見抜いておきながら、ずっと黙っていたというのか。「ぼくは本当に膝が痛いんだ。マジで走るのは無理なんだ」「なんでもかんでもすぐに無理だ、無理だって言いやがって」姫がにじり寄ってくる。

4 「どうしたおまえら。いつまでも廊下で」がらりと職員室のドアが開いて、ウガジンが出てきた。助かった。ウガジンに泣きつく。「先生。やっぱりランパートは無理です。トライアスロンには出られません」「でもなあ……」「なんなら、ぼくが必ずかわりのランパートを探します。それじゃだめですか」姫の視線を頬に感じつつ懇願した。ウガジンがしぶしぶ答える。「優太がちゃんと責任もって探すというんだな」「はい」「それならいい」「ありがとうございます」（中略）やっと安堵《あんど》の息をつく。横を見ると、姫が冷ややかな目でぼくを見ていた。「うそつき」とその目は語っていた。

（関口尚《せきぐちひさし》「空をつかむまで」）

*トライアスロン＝一人の選手が水泳・自転車・マラソンの三種目を一日で行い、総計の時間を競うレース。

*全中＝ここでは、全国中学校水泳競技大会のこと。

□ (1) [内容理解] ――線部①「ウガジンが……追いかけてきた」とあるが、それはどのようなことを伝えるためか。五十字以内で書きなさい。(15点)

□(2)［語句の意味］――線部②「転がって」のここでの意味として最も適切なものを次のア～エから選び、記号で答えなさい。（5点）（　　）

ア 成り行きが変化する。
イ もとの場所に戻る。
ウ 予想通りの結果が出る。
エ うまくまとまらない。

□(3)［理由説明］――線部③「最初から出るつもりはなかった」とあるが、その理由として最も適切なものを次のア～エから選び、記号で答えなさい。（10点）（　　）

ア 自分で勝手に水泳部をやめておきながら突然復帰したいという気まぐれな姫には、もともと協力する気持ちがなかったから。
イ 県の記録保持者だからといって、姫を水泳部に戻すために自分たちまで巻き添えにしようとするウガジンに腹が立ったから。
ウ 膝が悪いことになっている自分が大会に出て走ったりすると、周りからうそをついていたと悪口を言われる心配があるから。
エ トライアスロンにランパートがあることは知っていたので、運動を禁止されている自分では力になれないと思っていたから。

□(4)［指示語の内容］――線部④「そう」とはどのようなことを指しているか。四十字以内で書きなさい。（15点）

□(5)［文脈理解］文中の〈A〉～〈C〉の箇所にあてはまる文として最も適切なものを次のア～ウからそれぞれ選び、記号で答えなさい。（5点×3）

A（　　）B（　　）C（　　）

ア 血の気がさっと引くのが自分でもわかった。
イ ぼくは左膝をさすった。
ウ 苦笑いで断った。

□(6)［心情理解］――線部⑤「鳥肌が立った」とあるが、ここではどのような気持ちを表しているか。最も適切なものを次のア～エから選び、記号で答えなさい。（5点）（　　）

ア 失望
イ 興奮
ウ 恐怖
エ 後悔

□ (7) 【内容理解】――線部⑥「猿芝居」とあるが、姫は優太に対し、どんなことを猿芝居と言っているか。十五字以内で書きなさい。（5点）

□ (8) 【心情理解】――線部⑦「思わずあとずさりした」とあるが、このときの「ぼく」の心情として最も適切なものを次のア～エから選び、記号で答えなさい。（10点）
（　　）

ア まだ膝も治っていないのに姫に出場を強要されてとまどっている。

イ 姫に膝が治っているという証拠を突き付けられてたじろいでいる。

ウ 知らないうちに姫がタイムを計っていたことを不快に思っている。

エ 姫が自分のうそをみんなに言いふらすのではないかと恐れている。

差がつく
□ (9) 【人物像】本文に描かれている姫の人物像の説明として最も適切なものを次のア～エから選び、記号で答えなさい。（10点）
（　　）

ア 人を見下したような態度をとってはいるが、友達思いで気だての優しい人物。

イ 親友のぼくやモー次郎にさえも気を許さず、自分の意志を貫こうとする人物。

ウ 自分の感情や本心を決して表に出さず、周囲には不可解な印象を抱かせる人物。

エ 軽い調子でふるまう一方で、ぼくの偽りや後ろめたさを鋭く見抜いている人物。

★重要
□ (10) 【主　題】4段落における「ぼく」の心情の説明として最も適切なものを次のア～エから選び、記号で答えなさい。（10点）
（　　）

ア 先生が声をかけてくれたおかげで姫の追及から逃れることができたが、膝のことを見透かされているという不安をぬぐえないでいる。

イ 姫に問い詰められて不利な立場に追い込まれたが、廊下に出てきた先生が二人の間に入ってくれたので冷静さを取り戻している。

ウ 情けない人間だと姫に軽べつされているという思いから抜けきれず、これからも今までどおり親友でいられるか気になっている。

エ 自分の代役を探しさえすれば大会に出場しなくてもよいという見通しが立ち、これで姫から解放されると救われた思いになっている。

15 時間目

随筆 ③

入試重要度 A B C

1 **次の文章を読んで、あとの問いに答えなさい。**〔愛光高—改〕

「イーヨー」は知的障害を持ち、養護学校に通っている。記憶力にすぐれ作曲においても才能を示しつつ、家族のかけがえのない存在として成長してきた。その「イーヨー」も十九歳になり、福祉作業所へ職業訓練を受けに通うことになった。

ある日、僕は風邪と歯痛で文字どおりうなっている妻と交替して、福祉作業所前のバス停留所までイーヨーを迎えに行った。早くつきすぎたが、夕暮れの、それも寒風が吹き通しの路上で立ち止まって待つわけにもゆかず、その一画を行ったり来たりしていた。もうひとつバス停の標識の脇に立ち止まりにくかった理由もある。すでにそこには僕よりも十五、六は若い頃合いの、肥満して顔色の悪い女性が、厚ぼったいオーバーのえりにあごをうずめ、オーバー自体ひじでぐっとふくらませて立っており、やはり作業所に子供を迎えに来た母親とわかるだけに、挨拶をしかけにくい、閉鎖的な鬱屈をあらわしているのであった。

このところ二人の障害児たちが、イーヨーの養護学校で死んでいた。ひとりの子供は運動会のあと、太子堂の祭りに父親とみこし見物に行き、焼肉を食べ、父親に添い寝してもらって眠り、翌朝ずっと静かに眠りつづけているので、登校の間ぎわまで寝かせておいて、起こしに行くともう冷たかった。この子の最後の晩の、父親との穏やかな団らんと、その死の、かそけさとすらいいたいほどの印象を、養護学校の校長先生が報告された文章を僕は感銘を受けて読んだ。もうひとりの子供は、自分で頭をモヒカン刈りにしてしまった様子を僕も愉快な印象で覚えていた子だが、ひとりで風呂に入れるようになったということで勇んで入浴しているうち、発作で水死した。

二人のうちどちらかの子供の死が養護学校につたえられた時、妻はバザーの準備に行っていた。どのようなかたちで弔問に行くかという相談になると、一緒に働いていた若い母親が、①——希望者だけで行くことにしましょう、おめでたいことなんだから！　と言ったというのだ。

この母親も、すすんでバザーの準備に加わっているのである以上、自分の障害児を育てるために力をつくすのみならず、障害児仲間にも気をくばっている人にちがいないのである。繰り返しぶり返す絶望的な思いの瞬間があり、そういう時の言葉であっただろう。当の言葉を発してしまったことについて、彼女自身、聞いた誰よりもながく覚えているにちがいないが、できることならば忘れてしまったほうがいい、そのような言葉だと、僕は言った。若い母親への批判の感情をもってというのでなく、共有するある傷ましさの思いとともに、この言葉を頭の中で旋回させているのらしい妻に。②僕は理由もなく、バス停の標識にもたれかげんの、かさばる重そうなオーバーの母親を、その人ではないかと感じていた。

入試攻略Points

❶登場人物の言動から主題を読みとろう。
❷文章の構成から主題を読みとろう。

解答 別冊13ページ

時間 40分　合格点 70点

得点　　点

福祉作業所の前を幾度目かに通りすぎる時、僕は鬱屈した母親よりさらにひとまわり若い、チームでも結成しているような三人の女たちが、作業所の門からまっすぐ本棟へ向かう通路をのぞきこんでいるのに出くわした。彼女らはそろってスエードのコートに、赤っぽい茶のブーツをはいている。やはりそろって赤く染めた髪を盛りあげるようにまとめた、精気ある女たちなのだ。僕は脇を通りぬけながら、通行人の第三者にも聞かせて世論を形成するという具合に、しかし仲間うちの話として、——立派すぎるわよねえ、あんまり立派すぎるわ、と勢いこんで言うのを聞いた。

そのまま福祉作業所の前を通りすぎて十字路まで歩き、横断歩道をわたって向こう側の舗道へと、ひとめぐりのコースをたどりながら、僕は③いま聞いた奇妙な言い方のことをぼんやり考えていた。そのうち、奇妙でもなんでもない、身も蓋もない意味の露出に気がついたのである。彼女らもまた障害児を入所させる心づもりで、見学に来た母親だと漠然と思っていたから、立派すぎるという感想を不思議に感じた。しかし彼女らは都なり区なりの福祉政策に批判をいだいていて、それを運動化する一端として、まずは施設を見に来たということではないのか？　それならば、聞こえよがしの批判の言葉は、むき出しの意味をつたえてくる。実際、世田谷《せたがや》区の福祉作業所は、イーヨー自身によりも妻に、とくに喜びをあたえたほど、立派な建物である……。

僕は向こう側の舗道を歩きながら、たまたま作業所の門のところまで出て来たイーヨーが、さきの女性三人組に囲まれて、素振りからするかぎり例の丁寧きわまる応答をはじめるのを見た。いったん福祉所前を通りすぎて信号のある横断歩道を渡り、ひとまわりするコースを、僕はとくに足を早めもせず歩いて、なりゆきを見まもっていただけだが。

（中略）

バスに乗ってから、イーヨーにあの女性たちからどういうことを聞かれたのかと尋ねたが、彼はなお険しい顔つきで黙ったままである。その僕に、同じバスに乗り込んできていたさきの母親が、乗り合わせている人々みなに聞き耳をたてさせるほどの語調で説明した。——あの人らは自分のマンション脇に福祉作業所ができるので、反対しておるとですよ。それで今日はこちらまで偵察に来たとですよ。ずっと工事妨害はするし、子供の遊び場を奪うなと新聞に投書をするし、この間は、金を一千万出す、身障者のボランティア活動もする、とまでいいだして、本当に馬鹿にしとるとですよ。マンションの脇に作業所を建てさえしなければ、そうしたことをしてくれるとです。私らの子供を汚いもののように見ておるとですよ。

帰宅して、僕にあわせ妻から問いかけられても、この日三人の女たちがなにをたずねたのかをイーヨーは決して言わなかった。あの三人が、福祉作業所に反対する運動のなかからやって来ていたのであるのかどうかも、さだかではなかったのである。四、五日たって、夕暮れのテレビ・ニュースをイーヨーともども家族で見ていると、問題の建設現場が映し出された。作業再開ということで、マンション側の運動のメンバーに急を告げる鐘が鳴らされ、主婦たちが非常階段をかけ下りてくる。子供らも加えて金網ごしに市の作業員へ抗議する彼女らの顔つき、体つき、身のこなし、みなににじみ出ている、ある高さの生活水準。それらはイーヨーに作業所前で話しかけたスエードのコートと皮ブーツの女性たちの、ふだん着姿というふうにも感じられたのだが。

（中略）

同じテレビを見て、④妻もやはり微妙に僕の視線をさけるふうにしながら、次のように言っていた。——私らの子を汚いもののように見ていると、若いお母さんが言われたそうだけれども、私は、この人たちがなにか恐ろしいものに攻めてこられると感じているように思う、と妻は言ったのだが。Yさんが使われる言葉でいえば、恐ろしいものに自分らの生活が「侵犯」されると、マンションの人たちは感じているように思うわ。親がそうならば、子供たちにもその感情は移ってゆくはずでしょう？　現にいまのテレビでそのようだったでしょう？　おびえた子供たちが石を投げる、というような進みゆきになれば、イーヨーの頭のプラスチック板が心配だわ。十年前のようにヘルメットをかぶせて、作業所へ通わせることになるかもしれない。イーヨーは卒業したら、建設中のこの作業所へ行くのだから……

（大江健三郎《おおえけんざぶろう》「新しい人よ眼ざめよ」一部表記等を改めたところがある。）

□ (1)【心情理解】――線部①「希望者だけで行くことにしましょう、おめでたいことなんだから！」とあるが、「僕」はこの言葉をどう受け取っているか。その説明として最も適切なものを次のア～エから選び、記号で答えなさい。(15点)　（　　）

ア　同じ障害児を持つ母親の言葉としては気配りに欠けるように思えるが、その言葉に隠された意味を感じ取っている。

イ　障害児の母親の繰り返し思い出して後悔する言葉として、『障害から逃避する言葉』は忘れた方がよいと感じている。

ウ　障害児の母親の繰り返し起きる感情の表現として、『障害を悲観する言葉』は忘れた方がよいと受け取っている。

エ　障害児の母親のきまぐれな感情の表れとして、『障害に対する無分別な言葉』は忘れ去るべきだと考えている。

□ (2)【表　現】――線部②「僕は理由もなく、バス停の標識にもたれかげんの、かさばる重そうなオーバーの母親を、その人ではないかと感じていた」とあるが、筆者がそのように感じた「母親」と「その人」の持つ共通した雰囲気を表す言葉を、――線部②より前の文中から六字で抜き出して書きなさい。(30点)

差がつく
□ (3)【内容理解】――線部③「奇妙な言い方」とあるが、どういう点が「奇妙」なのか。文中の言葉を用いて、五十字以内で説明しなさい。(40点)

重要
□ (4)【心情理解】――線部④「妻もやはり微妙に僕の視線をさけるふうにしながら、次のように言っていた」とあるが、このときの「妻」の気持ちとして最も適切なものを次のア～エから選び、記号で答えなさい。(15点)　（　　）

ア　夫の思いとは違って、人々の無理解によって、卒業後子どもの身に危険が及ぶようになることを不安に思う気持ち。

イ　夫の思いを無視して、人々の恐怖感に対して、それをぬぐわねばならないと、夫にはっきりと知らせたい気持ち。

ウ　夫の思いとは異なり、人々の消極性に対して、こちら側のこれからの態度をどう取ればよいか迷っている気持ち。

エ　夫の考えとは異なり、人々の偏見をただし、子どもの将来に対してなんとか解決策を講じなければと悩む気持ち。

総仕上げテスト ①

解答 別冊14ページ
時間 45分　合格点 70点
得点　　点

1 **次の文章を読んで、あとの問いに答えなさい。**〔成城学園高—改〕

①メールは単なる挨拶で、しかも要件だけを伝えるコミュニケーションツールです。相手とのタイムラグもあります。

一方、対話は相手との間で同時発話的に進みますから、その過程で何が起こるか分かりません。可能性は無限にある。相手から問い返されたら、そのたびに的確な答えを用意しないといけませんし、自分の考えが変わることがあるかもしれない。ところが、対話の内容そのものも、メールのように要点だけを聞いたり話したりすればいいという感覚の人もいるようです。

要点というのは〝意味〟です。でも、実際に必要なのはお互いを知り合う時間と、可能性。私たちは「こいつは口ではこんなことを言っているけど、本当は違うことをしたいんだろうなあ」などということも慮《おもんぱか》りながら、あえて言葉には出さずに対話をしています。メール的な対話では、相手のそういう気配を読み取ったり、利用したりする社交技術のようなものが完全に抜け落ちてしまいます。つまり、言葉の一つひとつから伝わる意味だけを、非常に狭くやり取りすることになるんですね。

たしかに人間が獲得した言葉という道具は、意味を伝えるには非常に有効な方法ですが、相手の気持ちや人格を判断するには不十分だったのでしょう。

言葉は人間が最後に手にしたコミュニケーションのツールで、しかも登場したのはせいぜい数万年前ですから、人類の七〇〇万年の進化史から考えると、極めて最近に当たります。きっと人間はまだ言葉という道具を使いこなせていないのでしょう。言葉だけで相手を評価したり、人格を理解することができない。それどころか、言葉を使って自分をあますところなく表現することだってできないのですから。

だからこそ、②フェイス・トゥ・フェイスのコミュニケーションはなくてはならなかった。とりわけ③相手の目の表情をきちんと読むために、対面の時間を長く取る必要があったと考えられます。

人間にとって言葉が先か、対面が先かは、まだ明らかになってはいませんが、たぶん対面が先だろうというのが私の考えです。

ですから言葉が意味だけを伝えるものだとしたら、われわれは会話をするときに対面する必要はありません。背中合わせに話をしてもいいし、お互いに明後日《あさって》の方向を向きながら話しても問題はないはず。今は携帯電話ができたために、対面せずとも話せる場面が増えてはいますが、しかし就職の面接や商談のような重要な場面では、やっぱり私たちは直接会って相手の顔を見ながら話をします。

人間は言葉でいろいろな刺激を与えながら、相手の表情や目の動きを読み、相手の気持ち——どういうときに相手が昂《たかぶ》るのか、どういうときに怒るのか、どういうときに優しい気持ちを抱くのか、ということを判断してきたのでしょう。

ですから、本来、会話は対面のためにあった。もしくは、対面と相補的な関係にあったと言えるのかもしれません。

おそらく人間は対面的な交渉を非常に重視したために、④それを長引かせたり、アクセサリーや調度で飾ったりしながら、コミュニケーションをつくり上げてきたのではないでしょうか。

（中略）

人間はサルと同様、⑤視覚が優位な動物です。気になる情報が耳に入れば、実際に自分の目で見ないと気が済みません。「火事だ！」という声が聞こえれば、現場に駆けつける野次馬がいる。恋人が浮気をしているという情報を友人から聞いたとしても、現場を押さえないことには、どこか半信半疑だし、スリは現行犯しかあり得ないように、見なければ証明できないことも多い。われわれが帰るところはやはり視覚的な情報なのです。人間にとって「見る」ということが真実を知ることですから、対話の際にも、言葉のような音声の他に、視覚に映るさまざまな「構え」が必要なのです。

（山極寿一《やまぎわじゅいち》「京大総長、ゴリラから生き方を学ぶ」）

□(1) ――線部①「メールは……コミュニケーションツールです」とあるが、「メール」という「コミュニケーションツール」に欠落しているものは何か。それが書かれている部分を文中から三十四字で抜き出し、初めと終わりの四字を書きなさい。（10点）

□□□□ ～ □□□□

□(2) ――線部②「フェイス・トゥ・フェイス……なくてはならなかった」とあるが、それはなぜか。最も適切なものを次の**ア**～**エ**から選び、記号で答えなさい。（10点）（　　）

ア フェイス・トゥ・フェイスのコミュニケーションが言葉の足りない部分を補ってくれるから。

イ フェイス・トゥ・フェイスのコミュニケーションは相手とのタイムラグを生じさせないから。

ウ フェイス・トゥ・フェイスのコミュニケーションが要件を正確に伝えるには適しているから。

エ フェイス・トゥ・フェイスのコミュニケーションは人間が最後に手にした手段であったから。

□(3) ――線部③「相手の……考えられます」とあるが、それはなぜか。文中の言葉を用いて四十字以内で書きなさい。（15点）

□(4) ――線部④「それを長引かせ」とあるが、長引かせるのは何のためか。「を確保するため。」に続く言葉を文中から十字で抜き出して書きなさい。（10点）

□□□□□□□□□□ を確保するため。

□(5) ――線部⑤「視覚が優位な動物です」とはどういうことか。最も適切なものを次の**ア**～**エ**から選び、記号で答えなさい。（10点）（　　）

ア 人間は聴覚が発達していないので、物事を理解する時には視覚的な情報を優先するということ。

イ 人間は視覚が発達しているので、物事を理解するには視覚的情報に頼る習性があるということ。

ウ 人間は視覚的な情報によって物事を正確に理解しようとする傾向があるということ。

エ 人間は視覚的な情報からでしか物事を評価できないという特徴があるということ。

2 次の詩を読んで、あとの問いに答えなさい。〔福島—改〕

若竹が無い
下田喜久美《しもだきくみ》

自分を大切に守っていた
表皮を
いきおいよく　はがし
きっぱりと　ぬぎすて
グンと　青空に
かけ昇る

若い新芽たちは
蒼《あお》い肌から
若者の香りを
あたり一面に　ちりばめながら
匂いたち

空の向こうに
何があるのか……

ただ　ひたすらに
かけのぼり
いや　かけぬけ

あ
若竹が
無い！

□ (1) 竹の表皮が、成長していく過程で自然とはがれていく様子を表現している言葉を、詩の中から四字で抜き出して書きなさい。(10点)

□ (2) 成長する若竹の様子を視覚以外の感覚でとらえている部分を、詩の中から五字で抜き出して書きなさい。(10点)

□ (3) 第三連と第四連は、若竹のどのような様子を表しているか。二十字以内で書きなさい。(15点)

□ (4) 第五連について説明した文として最も適切なものを次の**ア**～**エ**から選び、記号で答えなさい。(10点)　(　　)

ア 若竹の成長に気づいたうれしさを表現し、目では確認ができないほど背丈が伸びた竹の姿を印象づけている。

イ 若竹の成長に対するとまどいを表現し、自然の力を借りながら人間の予測を超えて成長する竹の姿を印象づけている。

ウ 若竹の成長に対する驚きを表現し、もはや若竹と呼ぶことはできないほど立派に成長した竹の姿を印象づけている。

エ 若竹の成長に気づいた寂しさを表現し、周囲の植物に入りまじって見分けがつかなくなった竹の姿を印象づけている。

総仕上げテスト ②

解答 別冊14ページ

時間 45分　合格点 70点

得点　　点

1 次の文章を読んで、あとの問いに答えなさい。〔開智高―改〕

〔「芳子《よしこ》」は「母」に誘われ三越《みつこし》に買い物に来ている。必要な買い物はすんでいるが、「母」は地階の特売場へ向かうので、「芳子」はついていった。〕

「あんなに込んでて、お母さん、いやあね。」と芳子はつぶやいたが、母には聞こえなくて、先《さ》きを争うような特売場の空気が母にうつって来るらしい。

特売場は無駄づかいをさせるように出来ているものだけれど、うちのお母さんはどうかしらと、芳子はちょっと眺める気持《きもち》に離れて後を追った。冷房がきいていてそれほど暑苦しくはない。

先《ま》ず母は三綴《みとじ》弐拾五銭の便箋《びんせん》を買って、芳子を振り返ると、二人でにっと笑った。このごろ母が芳子の便箋をちょいちょい使って苦情を言われていたので、まあこれで安心と顔を見合わせたわけだった。

台所道具の売場だの肌着の売場など、人のよけいたかっているところへ母は吸い寄せられて、しかし人を掻《か》きわける勇気はなく、伸びあがって覗《のぞ》いたり前の人の袖の隙間《すきま》から手を出したりしていたが、一つも買わないで、なにか割り切れないような、思い切り悪いような風で出口に足を向けた。その出口のところで、

「おや、これが九拾五銭ですって？　まあ……。」と母は蝙蝠傘《こうもりがさ》を一本つかんだ。そこに積み重なった蝙蝠傘を掘りかえすと、どれもこれも九拾五銭の値札がついているのに、母はさもおどろいて、

「安いわねえ、芳子。安いじゃないの。」と言いながら①急に元気づいた。もやもや迷った心残りがはけ口をみつけた風だった。

「ねえ、安いと思わないの？」

「ほんとう。」と芳子も一本手に取ってみた。それを母は自分が持ち添えて開いて、

「骨だけとしても安いもんだわ。布はまあ*人絹《じんけん》だけどね、結構しっかりしてるじゃないの。」

（中略）母が自分の年に合いそうなのをと夢中になって引っ掻き廻《まわ》したり開いてみたりしているのを、しばらく待っていたが、

「お母さん、*不断のはうちに持ってるでしょう。」

「ああ、だけどあれはねえ……。」と、ちょっと芳子を見ただけで、

「十年、いやもっと、十五年になるかな、使い古して昔風でね。それに芳子、これは誰かに譲って上げたって喜ばれますよ。」

「そうね。譲って上げるのならいいわね。」

「誰だって、喜ばない人はありませんよ。」

芳子は笑ったが、母はその誰を目当に傘を見立てているのだろう。身近にそんな人はいない。②いるのなら誰かにとは言うまい。

「ねえ、芳子、どうかしら。」

「そうねえ。」

芳子はやはり気の進まぬ返事をしてしまったが、母の傍《そば》へ寄ってとにかく母によさそうな傘をさがしてみた。

人絹の*薄物を着た女の人達が安い安いと言って、入れ替《かわ》り立ち替り無造作に買って行く。

芳子は少し顔をこわばらせて上気したような母が気の毒になり、③自分の躊躇《ちゅうちょ》が腹立たしくなって来た。

「どれでも一本、早く買えばいいじゃないの。」と言うつもりで芳子が肩を振り向けると、

「芳子、よしましょう。」

「え？」

母は口のあたりに弱い微笑を浮《うか》べて、なにか振り払うかのように、芳子の肩に手をかけてそこを離れた。でもと今度は却って芳子がなにか心残りだったが、五六歩行くうちにせいせいした。

肩にある母の手を取ると、ぎゅっと握って一つ大きく振り、肩を重ねるように身を寄せて④出口へ急いだ。

（川端康成《かわばたやすなり》「五拾銭銀貨」）

＊人絹＝人工の絹糸。レーヨン。大正から昭和初期ごろに普及した。

＊不断＝「普段」のこと。　＊薄物＝7月・8月ごろに着る薄手の着物。

□ (1) ——線部①「急に元気づいた」とあるが、「母」はなぜ「急に元気づいた」のか。六十字以内で書きなさい。（20点）

□ (2) ——線部②「いるのなら誰かにとは言うまい」とあるが、それはどういうことか。最も適切なものを次の**ア**〜**エ**から選び、記号で答えなさい。（10点）（　　）

ア 母の身近な人はみな亡くなってしまって、母は孤独な生活を送っているということ。

イ 母は蝙蝠傘を買うつもりなどないが、適当なことを言って楽しんでいるということ。

ウ 母の年齢や性格から考えると、蝙蝠傘を渡す相手などいるはずがないということ。

エ 誰かにあげるためではなく、母は自分自身のために蝙蝠傘を探しているということ。

□ (3) ——線部③「自分の躊躇が腹立たしくなって来た」とあるが、それはなぜか。四十字以内で書きなさい。（20点）

□ (4) ——線部④「出口へ急いだ」とあるが、このときの「芳子」と「母」の気持ちとして最も適切なものを次の**ア**〜**エ**から選び、記号で答えなさい。（10点）（　　）

ア 「芳子」は買物に興味がないので早く家に帰りたいと思っており、「母」はそんな「芳子」の気持ちをわかってあげたいと思っている。

イ 「芳子」は母が欲しいものを買えなかったことに責任を感じており、「母」も何も買わないことを「芳子」のせいにしたくないと思っている。

ウ 「芳子」は「母」が衝動買いの欲望を抑えたことに感動しており、「母」も自分が特売場の熱気に負けなかったことを自慢に思っている。

エ 「芳子」は母が無駄な買物をせずに済んでよかったと思っており、「母」は特売場の雰囲気に押されていたが冷静さを取り戻している。

2 **次の斎藤茂吉《さいとうもきち》の短歌と、短歌に関する文章を読んで、あとの問いに答えなさい。**〔大阪―改〕

釣橋のまへの立札人ならば五人づつ馬ならば一頭づつといましめてあり

『たかはら』(昭5)

昭和五年夏、四十八歳の茂吉は、十五歳になった長男茂太《しげた》をともなって*出羽三山《でわさんざん》に登った。月山《がっさん》と湯殿山《ゆどのさん》に登った二人は、七月二十三日出羽山に登るべく赤川《あかがわ》の支流の梵字川《ぼんじがわ》を渡る。その川の川下にはささやかな吊《つ》り橋がかかっていた。橋のたもとに「人ならば五人づつ、馬ならば一頭づつ」という注意書きの書かれた立札が立っている。重量三百キロを越えるようなものは渡れない危うい小橋なのだろう。

茂吉は、その野趣あふれる文字に感動する。その溢《あふ》れる感情を短歌の器に盛り込もうとする。が、その感情の量に比して歌の器は小さい。普通の歌人なら、この立て札の文句を泣く泣く短くして三十一音に入れ込むことを考えるだろう。(中略)が、茂吉はそうはしない。断固しない。自分の感情が、器に入らないと感じるやいなや、瞬間的により大きな新しい器を作り、それと取り替えてしまう。そうやって作られたのがこの歌である。

この歌は、普通の短歌定型の第二句と第三句の間に、新たに「人ならば・五人づつ」(五・五)という五音二句が強引に差し込まれている。「釣橋の・まへの立札・人ならば・五人づつ・馬ならば・一頭づつと・いましめてあり」。茂吉は、即座に五七五五五七七という七句四十一音の新しい定型を作り出してしまったのだ。そこに茂吉らしい融通無碍《ゆうずうむげ》な姿勢がある。

が、不思議なのは、そうやってとっさに作られた新しい器が、きちんと短歌として認定するに足る韻律や調べを保っている、ということだ。この歌の場合は、五七五という初句から第三句までの定型律と第五句から第七句までの五七七というリズムが、色濃く短歌の定型の韻律を保持している。破調の歌であるにもかかわらず、私たちがこの歌に強烈な短歌らしさを感じてしまう秘密はそこにある。

（大辻隆弘《おおつじたかひろ》「アララギの脊梁《せきりょう》」）

*出羽三山＝現在の山形県にある月山・湯殿山・羽黒山《はぐろさん》の総称。

□ (1) あとの文は文中の短歌がどのように作られたかについて、筆者が述べている内容をまとめたものである。[a]・[b]にあてはまる適切な言葉を[a]は八字、[b]は十七字で文中から抜き出し、それぞれ初めの五字を書きなさい。(10点×2)

> 橋のたもとに立てられた立札の[a]に心を打たれた茂吉は、そのことばを[b]ことはせず、七句四十一音の新たな定型を作り出した。

a [　　　　　]

b [　　　　　]

□ (2) あとの文は文中の短歌について、筆者が述べている内容をまとめたものである。[　]にあてはまる内容を文中の言葉を用いて三十五字以上、四十五字以内で書きなさい。(20点)

[解答欄　35　]

> 「人ならば五人づつ」という五音二句が[　]ところに、私たちがこの歌に強烈な短歌らしさを感じてしまう秘密がある。

試験における実戦的な攻略ポイント５つ

① 問題文をよく読もう！

問題文をよく読み，意味の取り違えや読み間違いがないように注意しよう。
選択肢問題や計算問題，記述式問題など，解答の仕方もあわせて確認しよう。

② 解ける問題を確実に得点に結びつけよう！

解ける問題は必ずある。試験が始まったらまず問題全体に目を通し，自分の解けそうな問題から手をつけるようにしよう。
くれぐれも簡単な問題をやり残ししないように。

③ 答えは丁寧な字ではっきり書こう！

答えは，誰が読んでもわかる字で，はっきりと丁寧に書こう。
せっかく解けた問題が誤りと判定されることのないように注意しよう。

④ 時間配分に注意しよう！

手が止まってしまった場合，あらかじめどのくらい時間をかけるべきかを決めておこう。解けない問題にこだわりすぎて時間が足りなくなってしまわないように。

⑤ 答案は必ず見直そう！

できたと思った問題でも，誤字脱字，計算間違いなどをしているかもしれない。ケアレスミスで失点しないためにも，必ず見直しをしよう。

受験日の前日と当日の心がまえ

前日

- 前日まで根を詰めて勉強することは避け，暗記したものを確認する程度にとどめておこう。
- 夕食の前には，試験に必要なものをカバンに入れ，準備を終わらせておこう。
  また，試験会場への行き方なども，前日のうちに確認しておこう。
- 夜は早めに寝るようにし，十分な睡眠をとるようにしよう。もし翌日の試験のことで緊張して眠れなくても，遅くまでスマートフォンなどを見ず，目を閉じて心身を休めることに努めよう。

当日

- 朝食はいつも通りにとり，食べ過ぎないように注意しよう。
- 再度持ち物を確認し，時間にゆとりをもって試験会場へ向かおう。
- 試験会場に着いたら早めに教室に行き，自分の席を確認しよう。また，トイレの場所も確認しておこう。
- 試験開始が近づき緊張してきたときなどは，目を閉じ，ゆっくり深呼吸しよう。

解答・解説

国語長文【実戦】

1時間目 説明文

解答（4〜5ページ）

1

(1) A ア　B ウ　(2) (ウ)

(3) 例 **いい文章なら必ず備わっている表現上の**（共通点。）（18字）

(4) 例 **正確に表現することと、わかりやすく書くこと。**（22字）

(5) a **情報が高い精度で再現**

b **自分のそのときの気持ちを最も適切に**

解説

1 (1)Aは、直前の「必ずしも情報が高い精度で再現されることにはならない」という内容の具体例が直後で挙げられていることから、「例えば」があてはまる。Bは、直前の「事実を厳密に記すなら、何日何時間何分何秒」という内容が、直後に「必ずしもそう書いた文章だけが、正確だとは言えない」と**否定されているので、逆接の接続詞「しかし」**があてはまる。得点アップQ&Aを参照。

(2)脱落文に「逆に言えば」とあることに着目する。このあとに続く内容が、(**ウ**)の直前の「いい内容がいい表現の形で実現し、いい文章になる」を視点を変えて述べたものであることをおさえる。

(3)指示語の内容については、その前後に着目する。「共通点」をヒントにして探すと、直前に「それがいい文章である限りは必ず備わっている表現上の共通点」とあるので、この部分を指定字数内でまとめればよい。

(4)「人にわかるように」表現するために、筆者は同じ段落の中で「次の二点に注意して書くようにしたい」とポイントを挙げている。「一つは、正確に表現することである」と「もう一つは、わかりやすく書くことである」という二点をおさえてまとめる。

(5)**a**を含む部分の「一週間にも及ぶ」という言い方は、「何日何時間何分何秒」という言い方ほど「情報的には正確でない」という内容になる。**b**は、「一週間にも及ぶ」という言い方については、——線部③の直前の文で「『一週間ほど』……などのどの言いまわしが自分のそのときの気持ちを最も適切に表すか、というレベルでの〝正確さ〟である」とあることに着目する。

得点アップQ&A

Q **接続語を選ぶときは、何に注意するとよいですか？**

A 接続語の前後の関係を考えることがポイントです。その関係を読みとることによって、接続語の種類が限定されます。

Q **接続語にはどんなものがありますか？**

A 主に次のようなものがあります。それぞれの特徴を覚えて、使いこなしましょう。

①前の事柄が理由や原因になって、あとの文にその当然の結果が続く。
→順接 例 だから・それで・すると

②前の事柄と反対の内容や、くいちがう内容があとの文に続く。
→逆接 例 しかし・ところが・でも

③前の事柄にあとの文の事柄をつけ加えたり、対等に並べたりする。
→添加・並立 例 さらに・そして・しかも・また・および・ならびに

④前の事柄とあとの文の事柄を比べたり、選んだりする。
→選択・対比 例 または・それとも・もしくは

⑤前の事柄と話題を変える。→転換 例 ところで・では・さて

⑥前の事柄を言い換えたり、補ったり、例を示したり、理由を説明したりする。→換言・補足・例示・理由 例 つまり・ただし・例えば・なぜなら

Q **指示語にはどんな働きがありますか？**

A 指示語は、同じ文・語句の繰り返しや多用をさけ、文章を読みやすく、簡潔にする働きがあります。使い方として、主に次の二つがあります。

⬅ ひっぱると、はずして使えます。

①前に述べた内容を繰り返し述べる場合に用いる。↓多く見られる
②読者の関心を引くために予告として用いる。↓比較的少ない

Q **指示語の指す内容は、どのように探すとよいですか？**

A ①の繰り返し述べる場合は、**前の部分**から探します。②の予告として用いる場合は、**あとの部分**から探します。近いところから順に探していくとよいでしょう。また、どちらの場合も、指示語の指す内容に見当がついたら、それを**指示語に代入して意味がきちんとつながるかどうか**、確かめることが必要です。

2時間目 論説文①

解答（6〜7ページ）

1
(1) **ウ**
(2) 例 **書物の交換により自らの体験した世界を見せあうことが、家庭内での個人尊重や深い相互理解につながるから。**（50字）
(3) **イ**　(4) **エ**

解説

1 (1)4段落で本を「ホテルの部屋」にたとえて、「だれでもが入ることのできる個室」のような性質があると述べている。つまり、本には「個人にぞくする」面があるとともに、社会性もあることがわかる。

(2)「経験の交換」の内容については、8段落冒頭の「書物を交換する、というのは、じぶんの体験した異質の世界を見せあう」という部分から読みとれる。筆者がそのことを「すばらしいことだ」と考える理由は、9段落の「お互いの本をとりかえて読むことで、家族は個人を尊重しながら、相互のより深い理解への道をあゆむことができるかもしれない」からである。

(3)**ア**は、1段落で「読書に対する一般的な考え方」を示してはいないので、間違いである。**イ**は、2段落に「家庭のなかの書物というものを考えてみると」とあり、その考察によって、家庭のなかの書物の特性について言及しているので、内容と合っている。**ウ**は、3段落は「書物が果たしている役割の変化」については述べていないので、間違いである。**エ**は、6段落では「哲学者の考えを引用」はしているが、それによって「人間関係を保つ上での言語表現の必要性」を述べてはいないので、間違いである。得点アップQ&Aを参照。

(4)本文は、**家庭のものであると同時に個人のものであるという書物の特性を考察しながら、家庭内で書物を交換し合う**という「読書のひとつのあり方を提案し」、「その意義や可能性について論じている」ので、**エ**が正しい。**ア**は、本文では「読書を軽視しがちな現代の傾向」について述べてはいないので、間違いである。**イ**は、本文では「読書を個人的なものとする認識を批判」してはいないので、間違いである。**ウ**は、本文では「書物の歴史を分析し」てはいないので、間違いである。

得点アップQ&A

Q **文章構成はどのようにとらえるのですか？**

A 文章構成をとらえるには、**各段落の内容を読みとり、それらの相互関係を把握すること**が大切です。次のような文章構成の型を知っておくと、どのように論が展開されているのかがわかりやすくなります。

①**二段式構成**…本論→結論　結論→本論
②**三段式構成**…序論→本論→結論
③**四段式構成**…起→承→転→結

また、結論の位置をもとに分けると、次のようになります。

①**尾括型**…序論→本論→結論
②**頭括型**…結論→本論
③**双括型**…結論→本論→結論

3時間目 論説文②

解答（8〜9ページ）

1
(1) 例 **楽なことが楽しいことだと思いこむこと。**（19字）
(2) 例 **（子どもにとって）庭のデコボコは、不便で時間のかかるスローな楽しさを与えてくれるから。**（34字）
(3) **日本は、ニ**　(4) **ウ**
(5) **アウトドア〜時間の余韻**
(6) **イ**

解説

1 (1)「このふたつ」が指している内容に着目する。つまり、「楽しいこと」と「楽なこと」を混同し、「まるで同じことを意味しているかのように思いこむ」ということなので、これを制限字数内にまとめるとよい。

(2)「そうした」の指している内容に注意して設問を整理すると、「実際に庭をデコボコにした保育園があって、子どもが確かに生き生きと元気にかけ回っている」が、その理由を筆者はどう考えているのか、となる。また、少しあとに「デコボコという楽しさ」とあることから、子どもにとって「デコボコ＝楽しい遊び」であると推測できる。すると、二段落目に「アウトドアという遊び」とあり、「庭のデコボコ＝アウトドア」となることが読みとれるので、この部分の内容を踏まえ、制限字数にしたがってまとめる。その際、「子どもにとって……から。」という文脈になるように注意すること。

(3)直前に、「それは一方で経済成長の原動力となった」とあることに着目する。つまり、「経済成長の原動力」にはなったが、「自然環境と地域の文化を破壊」することにもなったという内容が書いてある一文を探すとよい。

(4)□のあとに「デコボコの世界だけがもつ楽しさ」とあることに着目し、(2)で読みとった「デコボコ＝アウトドアという遊び」から、**ウ**が正答であるとわかる。同じ段落内で「アウトドア」を楽しむ大人たちについて述べていることからも読みとれる。

(5)直前の内容に着目し、何を「自分の家へともち帰る」のかを読みとる。また、直後に「まぎれこむ」とあることから、ふだんは「日常の中」にないものであることが推測できる。**指示語の指す内容に見当がついたら、その内容を指示語の代わりにあてはめてみて、きちんと意味が通るかどうか確認すること。**

(6)本文では「楽で便利」をよしとはしていないので、**ア**は間違い。「自然環境」保護については述べていないので、**ウ**も間違い。経済成長のために人工的で平らになった世界は「楽しくない」と述べているので、**エ**も間違い。五段落目に「自然界を含めた広い世界の一員としての自分の場所を再発見しようとしているようでもある」とあることから、**イ**が正答である。得点アップQ&Aを参照。

得点アップQ&A

Q 「要旨」とは何ですか？

A 筆者が「論説文」や「説明文」の中で**最も言いたい事柄・伝えたい事柄のこと**です。「小説」や「随筆」では「主題」といいます。筆者の「結論」「主張」の**要約**だと理解しましょう。

Q 「要旨」はどのようにとらえるのですか？

A 次のような手順で、それぞれのポイントをおさえながらとらえていきましょう。

①文章の話題をつかみます。
→初めの段落を中心に、話題を提示している部分を探しましょう。

②各段落の話題の中心をつかみます。
→繰り返し述べられている**キーワード**などにも着目しましょう。
→**文末表現に着目**して、筆者の意見や考えを述べている部分を探しましょう。

③結論を述べた段落（**中心段落**）を見つけます。
→文章の構造を確認して、どこに結論の部分があるか確かめましょう。
※「**形式段落**」を「**意味段落**」に分けると、文章の構造がわかりやすくなります。

④結論の段落の内容をまとめます。
→筆者の意見や主張が述べられている段落を探しましょう。
→中心段落（**結論**）で、筆者が最も伝えたい内容、述べたい部分を探して、まとめましょう。

「要旨」をまとめるときには、「**文章全体の話題**」に「**中心段落の要点**」を加えると、「筆者の最も述べたい内容（要旨）」になります。

4時間目 小説①

解答（10～11ページ）

1 (1) **イ**　(2) **エ**

(3) 例 **連に試合をあきらめさせることができていなかった（こと。）**（23字）

(4) ① **長く重**
② 例 **守屋のために走ることに固執していたが、他のメンバーに任せようという素直な気持ちになった。**（44字）

解説

1
(1)連が三輪先生に説得されている場面で、「このかたまりきった場面を救うために、俺は何か言わなきゃと思った」とあることに着目する。「めいっぱい走ると大声で誓わないといけないのだが、声が出せなかった」とあることから、**ア・ウ**は間違い。「才能」を「察する」という記述は本文にはないので、**エ**も間違い。
(2)直後の三輪先生の発言に着目する。また、その発言の直後に「先生の目がうるんで見えた。涙をこらえているように見えた」「どんなに走らせたくても走らせるわけにはいかない先生の気持ち」とあることからも、**ア・イ**は間違いだとわかる。「俺がおまえを試合に出したくないとでも思うか？」とあることから、練習に限って走るなと言っているのではないことが読みとれるので、**ウ**も間違い。
(3)守屋の発言に着目する。特に「俺にそんな気持ちが少しでもあったら、一ノ瀬があきらめてくれるわけがないです。自分勝手でした」という部分から、守屋の気持ちを読みとることができる。「部長として部員の管理が行き届かなかった」では不十分であり、具体的な内容を書くようにする。
(4)①連の行動に着目する。「あきらめきれない無念そうな表情が、初めて連の顔に表れた」の部分に引っかかるかもしれないが、この時点では連はまだ出場することをあきらめてはいないので、設問にある「気持ちが大きく変化した」にはあたらないことに注意する。
②連があきらめきれないでいる場面で「守屋さんのために、連は走りたがっていた」とあることと、連の気持ちが変化した「ハイ」と言う場面の前にある「俺たちに任せてくれ、一ノ瀬」という守屋の発言に着目して考えるとよい。

得点アップQ&A を参照。

得点アップQ&A

Q 場面はどのようにとらえるのですか？

A 場面をとらえるには、まず「いつ(時)」「どこで(場所)」「だれが(登場人物)」「どうした(出来事)」という点をしっかり読みとることが大切です。「情景描写」や「主人公の言動」に着目することで、「何が起こっているのか(場面)」がイメージしやすくなります。

Q あらすじはどのようにとらえるのですか？

A 「あらすじ」とは、**文章のおおよその流れ**のことです。主人公の動きに注意して場面展開を追っていくことで、だいたいの話の筋が見えてくるはずです。また、文章の段落がどのように分かれているのかに着目するのもよいでしょう。

5時間目 小説②

解答（12〜13ページ）

1
(1) 例 **結果がどう出ても気が楽だから。**（15字）
(2) **ア**
(3) **海女の〜稼げる**（ということ。）
(4) **海とかかわり合うきっかけ**（12字）
(5) 例 **自分の置かれた場所を信じて、その場で精一杯生きていってほしい**（という思い。）（30字）

解説

1
(1)このあとの恵子の発言「すんでしまった一日なら占いの結果がどう出ても、あとは寝るだけだから気が楽でしょ」に着目する。この部分を制限字数内でまとめるとよい。理由を答えるので、文末表現を「〜から。」などにすることに注意すること。
(2)直前の「ことばがぞんざいなのは、恵子にしてみれば気心が知れてるからだ」を受けて、「むろん……」とつながっていることに着目する。「気が置けない」とは、遠慮や気遣いが必要ないこと。間違って「油断できない」などと解釈しないように注意すること。**エ**はあとの場面から、同等の関係でないことがわかる。
(3)直前の恵子の発言「うん、分かった」が、その前のばあちゃんの発言「何もわたしみたいに……いざというときにお金を稼げるからじゃ」を受けていることをおさえる。

(4)直後に「さらにことばをついで」とあることに着目する。ばあちゃんは、このあとの発言で自分のことばの真意を話しているのである。この部分から、制限字数をヒントに探す。

(5)本文から、ばあちゃんが「生き方」について恵子に伝えておきたいと思っている部分を探すと、「花の生き方」を述べたあとで「ばあちゃんの生き方」を述べ、そのあとで**恵子の生き方への希望**を述べている。この部分からばあちゃんの思いを読みとる。得点アップQ&Aを参照。

得点アップQ&A

Q **「心情」はどのようにとらえるのですか？**

A 「心情」とは、登場人物の気持ちのことです。ですから、まずはその「気持ち」を表現している部分を見つけることが大切です。

①**直接的に表現している部分**に注目しましょう。
↓気持ちや感情を表す言葉を探します。例 うれしい・悲しい
↓文末表現に注目します。
例 「〜思った。」「〜感じた。」「〜気がした。」

②**間接的に表現している部分**に注目しましょう。
↓人物の「行動」「動作」「態度」「表情」から読みとります。
例 私は真っ赤になって飛び上がってしまった。
※登場人物が、なぜそのような行動や態度を取ったのかを考えます。
↓人物の「会話」「言葉」「声の調子」から読みとります。
例 彼は小さな声で「ごめんね」と言ってきた。
※登場人物が、なぜそのような発言をしたのかを考えます。

③暗示的な表現に注目しましょう。
↓情景描写や比喩などの表現技法を使って、心情を暗示していることがあります。
例 空がだんだんと薄ら寒い色へと変わっていった。↓情景が暗く表現されているので、登場人物の暗い心情が表されている。
例 オレンジ色の花束を抱えて歩く。↓明るい色を使った情景描写が登場人物のうきうきした心情を表している。

Q **「心情」をつかむコツはありますか？**

A 気持ちの変化が起こるには、ある出来事（**原因**）があって、**結果**があるはずです。この流れを把握しておくことが必要です。**心情の変化の変わり目**をおさえることが、「**心情の流れ**」を読みとるポイントとなります。

6時間目 随筆①

解答（14〜15ページ）

1
(1) **音を聞いて**
(2) **ウ**
(3) 例 **幼いときのワクワクした気持ちがよみがえって、原稿を書き進められる、おまじないの言葉。**（42字）
(4) **ア**
(5) **エ**

解説

1 (1)設問文の意味を理解し、——線部①のあとの部分に着目する。設問文では、「家のつくりの影響を受けて、人々は周囲の状況をどのようにして認識してきたか」とあるので、「玄関や窓などの開口部が大きい」ことによる影響への認識が書かれている部分を——線部①のあとの部分から探す。すると、「音を聞いて想像力を働かせ情報を得てきました」とあるので、その初めの五字を抜き出す。

(2)直前の文には、「『オノマトペ』には窮屈なルールはなく、感じたままの表現を許してくれます」とあることから、——線部②は直前の文を言い換えて簡潔にまとめていることがわかる。よって、その役割を果たす**ウ**「つまり」でつなぐのがよい。

(3)設問文中の「筆者にとってどのような言葉か」に着目し、**A**の部分で「言葉」と書かれている部分を探す。すると、**A**の二段落目に、父が語った「どんぶらこっこーう　すっこっこーう」という「オノマトペ」を口にしたときに「幼いときのワクワクした気持ちがよみがえって、原稿を書き進めることができた」とあり、「これは私のおまじないの言葉」と述べている。この部

分を指定字数内でまとめる。

(4)少年の言葉を聞いたときの筆者の気持ちが述べられている——線部③のあとの部分に着目する。筆者は、子どものころに父の物語を聞いていたときの胸の高鳴りを思い出し、「言葉って、たとえ語彙は少なくても、ぴったりのリズムや響きがあれば、不思議なほど相手に伝わる、また忘れられないものになる」と述べ、「言葉の持つ不思議と奥深さを気づかせてくれた」と表している。筆者はこの気づきによって「はっと」したのである。よって、この内容が書かれているアが正解。得点アップQ&Aを参照。

(5)設問文中の「適切でないもの」という条件に注意し、それぞれの選択肢を見ていく。**本文の結論は最後の段落に書かれている**ので、**エ**「結論から話し始めることで」が不適。

得点アップQ&A

Q なぜ「体験」と「感想」を区別するのですか?

A 随筆は、筆者が見聞した事実や体験によって得た意見や感想を述べた文章です。ですから、「体験」と「感想」を読み分けることが必要なのです。

Q どうすれば「体験」と「感想」は区別できますか?

A **文末表現**に注目します。例えば、

「〜だ。」「〜である。」「〜だった。」「〜する。」など＝体験

「〜と思う。」「〜に感じられた。」「〜気がした。」など＝感想

他に、**接続語**もポイントになります。

「だから」「つまり」「よって」「だが」などのあとに、筆者の重要な考えや、結果、結論が述べられています。

Q 筆者の「ものの見方」や「考え方」はどのようにとらえるのですか?

A 「感想」や「意見」の部分に注目して、その要点をおさえましょう。

①何度も繰り返し述べている感想

→筆者の最も言いたいこと(主題)である可能性が高いです。

②「心情」「結論」を述べた部分

→結論には筆者の考えがまとめられています。

③筆者独特の言い回しや表現

→筆者が何に関心を持ったのかが読みとれます。

7時間目 随筆②

解答(16〜17ページ)

1 (1) **イ** (2) **ウ** (3) **ア**

(4) 例 **私をまぶしげに見ていた父の表情**(15字)

(5) 例 **まだ十四歳の私の選択をとても大切に受け取り、一人の人間として成長していくことを祝福してくれた。**(47字)

(6) **エ**

解説

1 (1)次の段落の内容に着目する。「図書館があったが、子どもが近づくことなど考えることもできない存在だった」とあるので、「図書館の本」は子どもにはとても縁の遠い存在だったことが読みとれる。よって、**イ**が正答となる。

(2)「とうてい近寄ることのできない存在だと思っていた図書館の扉が……」以降に着目する。「緊張感でのぼせたようになっている私」とあるので、**ア**は適切。「冷え冷えとした空気と本の古いにおいが暗い穴から立ち上り」から「感覚的表現」が読みとれるので、**イ**も適切。「本・本・本……」「宝の森」から「重々しく並ぶ本」「比喩」が読みとれるので、**エ**も適切。「闇への恐怖」が「私」にあったとは読みとることができないので、**ウ**が不適切。「適切でないもの」を選ぶ設問であることに注意すること。

(3)「私」が選んだ本が、『悪の華』であることを確認した父の反応であることに着目する。少しあとに「だが父は、私を一人の人間として、私の選択をとても大切に受け取ってくれたのであった」とあるので、**父は「私」の選択を認めた**ということが読みとれる。よって、**ア**が正答である。

(4)このあとで場面が変わっていることから、指示語が指す内容はこれより前にあると推測できる。また、「それが……父の祝福であった」という内容なので、父に関することを指していることを読みとる。これらを踏まえて、直前の二文にある「父の表情」「父は、私をまぶしげに見ていた」という表現に着目する。この部分を制限字数にしたがってまとめるとよい。

(5)前後の文に着目する。「私は二十歳になっていなかった」けれども、父は「あの夜、『心の成人式』を」してくれたのだ、という内容が述べられているこ

とから、二段落前にある「私を一人の人間として、私の選択をとても大切に受け取ってくれた」**父がしてくれたこと**をまとめるとよい。
(6)直前の内容に着目し、「小さな『心の成人式』」が何の比喩表現であるのかを読みとる。**筆者自身が、「あの日」「心の成人式」をしてもらったと述べていることから考えるとよい。**得点アップQ&Aを参照。

得点アップQ&A

Q **「表現」はどのように理解するのですか？**
A 「**表現技法**」だけでなく、**筆者独特の表現**の仕方や、文章全体から**表現の特徴**を読みとりましょう。その表現に込められている筆者の気持ちをとらえるヒントになります。

Q **表現技法には、どのようなものがありますか？**
A 表現技法はいろいろあります。次に挙げる主な表現技法を覚えましょう。

①**比喩**
a **直喩**(明喩)→「ようだ」などを用いてたとえる。
例 りんごのような頬。
b **隠喩**(暗喩)→「ようだ」などを用いないでたとえる。例 宝の山だ。
c **擬人法**→人でないものを人のように見立ててたとえる。
例 海が泣いている。
②**倒置**→言葉の語順をふつうとは逆にする。例 聞け、この声を。
③**反復**→同じ言葉を繰り返す。例 開いた。開いた。
④**省略**→全部を言い切らないで省略する。例 彼もきっと――。
⑤**擬声(音)語**→音声をまねて表現した言葉。例 雨がザーザー降る。
⑥**擬態語**→状態や動作を感覚的に表現した言葉。例 わくわくする。

Q **文章のどのような特徴に注目するとよいですか？**
A 次のようなポイントに注目しましょう。
①文の長さ→短い文はきびきびと引き締まった印象を与え、長い文は細かい描写が多く、複雑な印象を与える。
②文末表現→常体の文は断定的で、敬体の文は丁寧な印象を与える。
③表記→和語と漢語の割合などによって、受けとる印象が変わる。

8時間目 詩

解答(18〜19ページ)

1
(1) **暖い**
(2) **私は冷たかつた**
(3) **詩人自身の〜であった。**
(4) 例 **「思想」「希望」「自己肯定」というものである「あたたかい卵」が、ぎりぎりのところで支えていたから。**(49字)
(5) **イ**
(6) **ウ**
(7) **エ**

解説

1 (1)解説で、A のことについて書かれている部分に着目する。「いつ内部に抱えこんだか、その時期は判然としないが、ある時、その卵に気づいた。気づいたのは、卵のあたたかさのせいである」とあることから、詩の中の「暖い」という言葉が入る。
(2) B を含む行の前後に着目する。前の行には「だんだん冷えあがつて私は凍死しさうだつた」、あとの行には「私は冷たかつた」とあることから、間にある B にも「冷たい」という言葉が入ることが推測される。よって、「私は冷たかつた」という一行が入る。
(3)――線部①に「凍死しさうだつた」とあることから、作者のいう「冷たかつた」「冷えあがつて」「凍死」という言葉がどのようなことを指しているのか、解説している部分を探す。すると、二段落目に「この卵を抱えている詩人(作者)自身の冷たさが、対置される。詩人自身の冷たさ、というのはたぶん、自己に対する絶望感の冷たさだろう。その絶望感が詩人に、精神的な死をもたらしそうであった」とあるので、ここから連続する二文を抜き出す。
(4)――線部②の内容が解説されている部分を探す。解説の二段落目に「『あたたかい卵』が、人間をぎりぎりのところで支えている『思想』とか『希望』とかないしは『自己肯定』というようなものであることが明らかとなる。詩人(作者)が生きながらえることができたのは、この卵のおかげであった」とあるので、この部分を指定字数内でまとめる。

(5) C の前後の「まだ……しない」という表現を踏まえ、作者が抱えている卵が現在どのような状態であるのかを解説している部分に着目する。二段落目に「卵の力を借りて今日まで生きのびてはきたが、肝心の卵をあたためてやるほどの余力はない」「いまだに、この内部の卵は雛になれず、羽ばたくことのない希望の原形として、内部にとどまっている」とあるので、**現状の作者ではまだ卵を暖めることはできず、卵をかえして雛にしてやることができない、という状態である**ことがわかる。つまり、卵をかえすという意味の**イ**「孵化」が正解。

(6) (2)で見たように、「私は冷たかつた／鶏卵のやうに私は冷たかつた」と繰り返されている箇所があるため、**ウ**「反復」が正解。

(7) 現代の言葉で書かれており、また、音数に決まりがないので、**エ**「口語自由詩」が正解。得点アップQ&A を参照。

得点アップQ&A

Q 「詩」はどのように鑑賞するのですか?

A 「詩」を鑑賞するには、「**情景**」「(作者の)**心情**」「**主題**」をとらえることが大切です。作者の目が何に向けられているか、どんな表現の工夫が見られるのか、感動の中心はどこにあるのかに着目しましょう。

Q 「主題」はどのようにとらえるのですか?

A 次のポイントに注意します。

○**詩の種類**をとらえましょう。→**リズム**や雰囲気を味わいます。

①形式
自由詩…音数にきまりがない詩。
定型詩…音数がきまっている詩。
散文詩…ふつうの文章のように行分けしないで書かれた詩。

②用語
口語詩…現代の言葉で書かれた詩。
文語詩…昔の書き言葉で書かれた詩。

③内容
叙情詩…作者の心情や感動を書いた詩。(詩のほとんどが叙情詩)
叙事詩…歴史上の事件や神話などを題材に書いた詩。
叙景詩…景色を中心に書いた詩。

○**表現技法**をとらえましょう。→作者の感動の中心があります。
比喩…あるものを他のものでたとえる。(直喩・隠喩がある)
擬人法…人でないものを人のようにたとえる。
倒置…言葉の順番をふつうとは逆にする。
対句…似たような語句を対にして並べる。
反復…同じ言葉を繰り返す。
体言止め…行末を体言(名詞)で止める。
他にも、「呼びかけ」「省略」などがあります。

○情景や心情をとらえましょう。→主題のポイントになります。

○**詩の題名**も忘れてはいけない重要ポイントです。

9時間目 短歌・俳句

解答(20〜21ページ)

1 (1) **ア** (2) **こだわり** (3) 例 **場面の臨場感を伝えている**(12字)

2 (1) **D** (2) **B・E**(順不同) (3) **A** (4) **C** (5) ①**こつこつ** ②**石川啄木**

解説

1 (1) 俳句の最後の部分が、「燕」という**名詞**で終わっている。よって、**ア**「体言止め」が正解。

(2) 俳句の作者が、漢字とひらがなの表記の使い分けを「わざわざ意図したもの」、つまり意図的に行っていると鑑賞文の筆者は考えている。よって、このことを述べている他の部分を探す。鑑賞文の最後の一文で、「はつ燕」を例に挙げ、『初』までひらがなにしたのは、作者の表記への著しいこだわりが窺えます」と述べていることから、「こだわり」が正解であることを読みとる。

(3) 内容を説明した文の、「漢字とひらがなを意図的に使い分けて表記することで」という部分に着目し、これによる効果が書かれている部分を鑑賞文中から探す。すると、六段落目に、「富士山を越えてきた燕が湖をさっと打って飛んでくる様子が、原句のほうがより字づらを通して臨場感を伝えてきます」とあるので、このことを踏まえ、漢字とひらがなの使い分けにより、俳句で描きたい「場面の臨場感を伝えている」などとまとめることができる。

2

(1)**A**の短歌は「けり」があるので、二句切れだとわかる。同様に、それぞれの句切れを確かめると、**D**が二句切れである。

(2)体言止めとは、**行末を体言(名詞)で止める表現技法**であり、**B**(山)・**E**(粥)に用いられている。得点アップQ&Aを参照。

(3)それぞれの短歌から、季節を表す言葉を考える。**A**には「雨蛙」「若葉」とあり、夏の季節感を感じることができる。

(4)**鑑賞文のポイントとなる点に着目する。**「先人がいた」「字余り」をヒントに、それぞれの短歌を確認するとよい。**C**の短歌に「行きし人あり(行った人がいる)」、「色あたらし(六音)」とあることをおさえる。

(5)まず、この鑑賞文がどの短歌のものであるのかを考える。「耳を離れない音」「硬い響き」「暗い心情」に着目する。「音」をよみ込んでいる短歌は**A**・**B**・**D**・**F**であるが、**A**・**B**・**D**は「擬声語」を用いていない。また、**A**は「暗い心情」、**B**・**D**は「硬い響き」を読みとることができないので間違い。よって、**F**の鑑賞文とわかる。これを参考に考えるとよい。

①**「擬声語」とは、音声をまねて表現した言葉**であることから考えるとすぐに見つかる。

②短歌の表記の特徴から作者を答える知識問題である。「石川啄木」といえば、三行表記の短歌が特徴であるので、覚えておくこと。

得点アップQ&A

Q **短歌を鑑賞するときのポイントは何ですか?**

A 次のポイントに着目しながら、短歌を鑑賞します。

①形式・句切れをとらえる。

a 形式…三十一音(**五・七・五・七・七**)から成る。三十音以下は**字足らず**、三十二音以上は**字余り**という。→リズムに独特の変化が生じる。

b **句切れ**…文にして「。(句点)」がつくところ。どこで意味やリズムが切れているかをおさえ、**感動の中心**をとらえる(句切れの部分に感動の中心がある)。心情を表す言葉を含んでいる句が、句切れになっていることが多い。初句切れ・二句切れ・三句切れ・四句切れ・句切れなしの五つの種類がある。七五調(軽快でやさしい歌調)→初句切れ・三句切れ　五七調(重厚で力強い歌調)→二句切れ・四句切れ

②表現技法を理解する。→**体言止め**や**倒置**が多い。

枕詞《まくらことば》…ある特定の語を導く言葉。歌の調子を整える働きがあるが、意味は特にない。ふつうは五音。例 たらちねの(母)・ひさかたの(光)

→表現技法を用いている部分に、**作者の感動の中心**があることが多い。

③情景をとらえる。→うたわれている**場所**や**季節**などといった背景をとらえ、情景を読みとる。→作者の心情とかかわっていることが多い。

④作者の心情をとらえる。

→作者の行動を表す言葉や表現技法、情景などのポイントに着目する。

→何に感動し、どういう感情を抱いたのかを考える。

Q **俳句を鑑賞するときのポイントは何ですか?**

A 次のポイントに着目しながら、俳句を鑑賞します。

①形式・句切れをとらえる。

a 形式…十七音(五・七・五)から成る。ただし、表現効果をねらって十七音の定型にこだわらない**自由律俳句**もある。

b **季語**(季題)…季節を表す言葉を一つ入れる決まりがある。「**歳時記**」に季節をあわせているので、現在の季節とずれることもある。

例 朝顔…秋

c **切れ字**…意味の切れるところにある言葉。**詠嘆や強調を表す。**

→**作者の感動の中心**がある。

例 助詞…**や・よ・ぞ・かな・か**　助動詞…**けり・たり・なり**

②情景や作者の心情をとらえる。

a 季語から季節をつかむ。→情景や情感をとらえる。

b 切れ字に着目する。→作者の感動の中心をとらえる。

10時間目 論説文 ③

解答（22〜24ページ）

1
(1) **A エ　B ア**
(2) **人間と人間を結びつけ、親密さを生む**（17字）
(3) **一概に**
(4) 例 **本質的で生命的な形で発せられるから。**（18字）
(5) 例 **やさしさや情緒を捨てた、より具体的で事項的な情報を伝えるだけのことば。**（35字）

解説

1 (1)それぞれの最終段落の内容に着目するとよい。**A**は「真率な命のことばをもとう。それが美しく生きるこつである」、**B**は「どのようなことばが適正かを考える時に……期待できるかと思われる」の部分に着目する。
得点アップQ&A を参照。
(2)名をよぶことが人間関係の中で果たす役割について、このあとの二つの段落で「相槌」と「対話」という具体例を挙げて説明している。そして、そのあとの段落で「名前をよぶという言語表現こそが……」とまとめていることに着目するとよい。
(3) B の五行あとにある「一概に」をおさえる。
(4)自身の感情が和歌のことばを通して「体から奔流する（＝激しく流れる）」ことが、他者の「霊魂と交信」すること、「命そのものと響き合う」ことを可能にするという内容を読みとる。したがって、**和歌（のことば）が「命そのものと響き合う」ことを可能としている理由を問われていると読み替え**、「本質的で生命的な形で発せられる」「生命のリズムとしてことばが発露する」をおさえる。解答例以外に、「生命のリズムとしてことばが発露する」点を用いて解答しても正解。
(5)直後の「ふしぎの物に働きかけることばとは、正反対である」に着目する。「ふしぎの物に働きかけることば」とは、「鬼神をあわれと思わせ」たり「男女の仲をやわらげ」たりする、「やまとことば」のことである。よって、「やさしいことば」である「和歌のことば」「やまとことば」でないもの、つまり「ビジネスのことば」についてまとめるとよい。

得点アップQ&A

Q **文章を要約するときのポイントは何ですか？**
A 「要約」とは、文章や段落の要点だけを取り出して、簡潔にまとめることです。正確に要約するためには、指示語の内容を的確にとらえたり、重要語句を見落としたりしないようにすることが大切です。
○形式段落を要約する。
①筆者の意見・主張が述べられている文（**中心文**）を探す。→段落の初めか終わりにあることが多い。
②見つけた中心文を簡潔にする。→余分な部分（具体例や理由など）を削って、結論的な部分を残すようにする。
③中心文をもとに、他の文で述べられている重要な内容もつけ加える。
○文章全体を要約する。
①段落間の相互関係を考え、中心段落をつかむ。→筆者の意見のまとめである中心段落（結論）は、**文章の初めか終わり**にあることが多い。
②中心段落の内容をまとめる。→他の段落にある重要事項や重要語句もつけ加えるようにする。

Q **要約するときの注意点はありますか？**
A 要約文を書くときの注意点として、次のことが挙げられます。
①重要語句を書きもらさないこと。
②主語・述語が対応した文章にすること。→主語・述語が対応していないと文章にねじれが起こり、意味が通らなくなります。
③同じような主張を繰り返さないようにすること。→「つまり」「要するに」などの接続語を使うようにしましょう。

11時間目 論説文 ④

解答（25〜27ページ）

1
(1) 例 **クロマニヨン人の交易する範囲**（14字）
(2) **エ**　(3) **a 空虚（恐怖）　b 自己を確認する　c 欲望**
(4) **ア**

解説

1 ⑴「その行動半径」が指す内容を、制限字数内でまとめるとよい。直前にクロマニヨン人とネアンデルタール人が比較されていることに着目する。また、「行動半径」がこのあとに述べられている「交易の距離」であることに気がつくと、まとめるのは容易である。

⑵少し前の「ネアンデルタール人とクロマニヨン人の違いは、まさにこのメディアの有無にかかわっているように思われる」の部分に着目する。ネアンデルタール人には「メディア」がなく、クロマニヨン人は「メディア」を持ったのである。そして、「物の交換とは情報の交換でありすなわちメディアであるとすれば、メディアこそが欲望を生み、必要を生んだ」とあるので、その**「メディア」を持ったクロマニヨン人は、「メディア」、つまり「情報の交換」によって「欲望」や「必要」を持ったと考えられる。**この考えを踏まえて選択肢を確認すると、**エ**が正答とわかる。

⑶「人間とは他人になった動物である」以降の内容に着目する。**a**は「自分とは一つの空虚」、**c**は「空虚こそが、名への、装身具への、交換への、所有への欲望をもたらした」とあることをヒントに考えるとよい。**b**は最終段落の「人はいまなお……自己を確認する」に着目する。それぞれの制限字数もヒントになる。

⑷四段落目で筆者は、「人間は必要に応じて物を交換する」のではなく、「交換が欲望を生み……メディアこそが欲望を生み、必要を生んだ」と述べている。メディアによって欲望が生まれた例を選ぶ。

12時間目 論説文 ⑤

解答（28～30ページ）

1
⑴ **社会的コミュニケーションの場面**
⑵ **伝承された型をさらに洗練させ、自分の型を作り出す**（24字）
⑶ 例 **大人に対するのと同じような口調で、まじめに応対された。**（27字）
⑷ a **失われつつある**
b 例 **現代生活にふさわしい型を創出していくこと**（20字）
⑸ **イ**　⑹ **ウ**
⑺ **エ**　⑻ **ア**

解説

1 ⑴**設問に「場面」とあることに着目して考える。**また、直後に「家と家とのつきあいにかかわる使者としての役目を持つお使いもあった」とあるので、「お使い」が交流にかかわることが読みとれる。これらの内容と、指定字数をヒントにして探すとよい。

⑵直前に「非常に才能のある者だけ」が型やぶりをすることが許される、とあることに着目する。このことから、伝統文化における「才能のある者」について述べられている部分を[3]段落以降から探すとよい。すると、[6]段落で具体的に述べられていることがわかるので、この段落から抜き出す。

⑶「対等」とは「上下の差がない・同等」という意味である。つまり、この場合は「子供が大人と同等の扱いを受けた」ということになる。このことを踏まえて[1]段落を読むと、「大人に対するのと同じような口調でまじめに応対するのであった」という部分があることに着目する。この部分を制限字数に注意してまとめればよい。

⑷[a]・[b]の前に、「時代の変化」「普段の生活」とあることに着目する。これらのことについて述べられているのは[7]段落であり、**「日常生活」＝「普段の生活」、「いかねばならない」＝「必要」という言い換え**にも注意しながら、制限字数もヒントにして考える。

⑸**A**は前後の文の内容が順当な結果でつながっているので、順接の接続語があてはまる。また、**D**は「型の文化が失われつつある」ことのたとえとして「手紙」を挙げているので、例示の接続語があてはまる。

⑹**B**は「見せどころ」とあるので、「見せる側」＝「役者」があてはまる。**C**は「見どころ」とあるので、「見る側」＝「観客」があてはまる。

⑺「適切でないもの」を選ぶ設問であることに注意する。**ア**は、[2]段落で述べられている内容と合うので正しい。**イ**は、[4]段落で述べられている内容と合うので正しい。**ウ**は、[5]段落で述べられている内容と合うので正しい。**エ**は、「独自の型」は「しだいに」ではなく「才能のある者」が洗練させて作り出すので、間違い。よって、**エ**が答えとなる。

(8)**イ**は、「外国人」は「感嘆」するのであり、「長い年月をかけて磨き上げられてきた調理の技法を習得しようと努力する」わけではないので、間違い。**ウ**「一瞬静止したポーズ」は、「型の一部分であるというに過ぎない」と文中にあるので、間違い。**エ**の内容は文中では述べられていないので、間違い。**ア**の内容は、3段落で「社会的コミュニケーションの場面で、型が機能するだけではない。型にのっとってふるまうことは、日本文化を特徴づける表現様式であった」と述べられている。よって、**ア**が正答である。

13時間目 小説③

解答（31〜34ページ）

1

(1) **イ**　(2) **イ**　(3) **ア**

(4) 例 **草太より先に登りたいという気持ちが、草太より後であっても登り切ることが大事だという気持ちに変化している。**(52字)

(5) **あウ　いイ**　(6) **エ**　(7) **余裕**

(8) 例 **草太に追いつかれること。**

(9) **X 以　Y 伝**　(10) 例 **楽に**　(11) **エ**

(12) **a** 例 **自転車で坂の頂上まで登りきった**(15字)　**b ウ**

(13) **(エ)**

解説

1

(1)二段落目で、昇平は「勝負だと息巻いて」いることから考える。

(2)**ア**は「自分の自転車の腕前も上がったように思えてきて」、**ウ**は「自分にはこの坂道を自転車で乗りこなす自信がある」、**エ**は「この坂道の様子が手にとるようにわかっている」が、それぞれ間違い。

(3)そのあとで描かれている、「楽しげに笑いかけてきた」や「こうして一緒に走れることを嬉しがっている」草太の様子などから考える。

(4)「目が合った瞬間」には、昇平は草太と坂道を登る勝負をしているつもりになっていたが、「目が合った時」には、自分自身と勝負をしているような気持ちになっている。

(5)「息巻く」は勢いこむ様子、「目もくれない」は見ようともしない様子。

(6)直前の「脚は既に疲れはじめている」ことから考える。

(7)坂道を登りきることに必死な昇平の様子を読みとる。

(8)はじめは草太に負けたくないと思っていた昇平だが、次第に疲れはじめ、「草太に勝つとか負けるとかじゃなく……この坂道を登りきらなければならない」と心情が変化していることを読みとる。

(10)直前の「ペースを落としている間に」という内容も踏まえて、疲れが回復していることを示す言葉があてはまることを読みとる。

(11)立ちこぎと座りこぎを繰り返し、なんとか坂を登りきった昇平の様子を表すのは、**エ**「どうにか」。

(12)**a**は、あとに「達成感を覚えた」とあることから、昇平が自転車で坂を登りきったことをおさえる。**b**は、昇平は草太とともに坂道を登りきったことに、快い満足感を感じている様子を読みとる。

(13)脱落文中の「その姿」が、(**エ**)の直前で描かれている、坂を登りきった草太の喜ぶ姿を指している。

14時間目 小説④

解答（35〜38ページ）

1

(1) 例 **今大会だけの特別ルールのひとつとしてリレー部門があり、三人ひと組のチームとして参加できるということ。**(50字)

(2) **ア**　(3) **ウ**

(4) 例 **ウガジンは、トライアスロン大会で優勝しなきゃだめとは言っていないということ。**(38字)

(5) **A ウ　B イ　C ア**

(6) **ウ**

(7) 例 **膝が悪いとうそをつくこと。**(13字)

(8) **イ**

(9) **エ**

(10) **ア**

解説

1

(1)このあとの先生と優太たちの会話から読みとれることをまとめる。

(3)優太が競技に出るつもりがなかった理由は、2段落の「膝の悪いぼくがトライアスロン大会に出るわけにはいかない……なんだよ走れるんじゃないか、なんて後ろ指さされることになる」から読みとれる。
(4)**指示語が指す内容は、それより前にあることが多い。**優太が「そう言われればそうだ」と納得していることからも、これより前の姫の言葉に着目すればよいとわかる。
(5)**A**は、直前で「やっぱり無理だよ。膝が悪いから」と優太が断っていることに着目する。**B**は、直前に「痛いけど我慢してる」とあることから、優太が膝の痛さを我慢していることと結びつく動作がわかるものを選ぶ。**C**は、姫に鋭く指摘された優太の様子に合うものを選ぶ。
(6)優太は姫にうそを見抜かれているのではないかと感じている。だから、姫の視線に「恐怖」を感じたのである。
(7)「猿芝居」は、へたな芝居や浅はかな計画を軽蔑していう言葉。姫が優太のうそを「猿芝居」と言っているのである。
(8)優太は姫に、膝が治っているという証拠を突き付けられたので、「思わずあとずさりした」のである。
(9)姫の「なれなれしい口調」やふるまいは、「軽い調子」だといえる。その一方で、優太のうそを見抜くという鋭さも持っているので、**エ**だとわかる。**ア**は、「友達思いで気だての優しい」様子は読みとれない。**イ**は、「親友のぼくやモー次郎」ということは読みとれない。**ウ**は、「自分の感情や本心を決して表に出さず」という様子は読みとれない。
(10)先生のおかげで、優太は姫の追及から逃れることができた。しかし、姫に「冷ややかな目で」見られていることに、「膝のことを見透かされているという不安をぬぐえないでいる」のである。

15時間目 随筆③

解答（39～41ページ）

1
(1) **ウ** (2) **閉鎖的な鬱屈**
(3) 例 **障害児を入所させる心づもりで見学に来た母親ならば喜びそうな作業所なのに、立派すぎると批判している点。**（50字）
(4) **ア**

解説

1
(1)「繰り返しぶり返す絶望的な思いの瞬間があり……僕は言った」の部分に着目する。
(2)オーバーを着た母親をバス停で見かけた一段落目の場面に、「作業所に子供を迎えに来た母親とわかるだけに……あらわしている」という表現があることに着目する。指定字数もヒントにして考える。
(3)少しあとの「彼女らもまた障害児を入所させる心づもりで、見学に来た母親だと漠然と思っていたから、立派すぎるという感想を不思議に感じた」という部分に着目する。
(4)直後の「——私らの子を……心配だわ」の部分に着目する。「妻」は将来、建設中の作業所へ通う息子のことを心配しているのである。

得点アップQ&A

Q **「主題」とは何ですか？**
A 「主題」とは、作者が作品を通して最も強く読者に伝えたい・訴えたいと思っている、**中心的な考え**のことです。
Q **「主題」はどのようにとらえるのですか？**
A 次のような点に注意してとらえます。
①登場人物をおさえる。→どんな人たちが登場しているのか確認する。
②中心人物(**主人公**)をおさえる。
主人公のセリフに着目する。→主人公の言葉には、作者の考えや意見が反映されていることが多い。
主人公の行動に着目する。→主人公の行動は、作者の伝えたい内容と密接な関係がある。
③主人公の心情の変化に着目する。→主人公の心情が変化する過程に、作者の意図や考えが反映されている。
④**クライマックス**(山場)に着目する。→クライマックスにおける主人公の言動をおさえる。主人公の考え方や生き方を読みとる。

総仕上げテスト①

解答（42〜44ページ）

1
(1) **相手のそ〜うなもの**
(2) **ア**
(3) 例 **相手の目の表情から相手の気持ちや人格を判断するためには、十分な時間が必要だから。**（40字）
(4) **お互いを知り合う時間**（を確保するため。）
(5) **ウ**

2
(1) **ぬぎすて**
(2) **若者の香り**
(3) 例 **止まることなく勢いよく伸び続ける様子。**（19字）
(4) **ウ**

解説

1
(1)「欠落している」とは、「抜け落ちている」という意味である。メールを対話と比較して述べている次の段落以降に着目し、対話に対してメールに抜け落ちているものを指定字数で探すと、三段落目に見つかる。
(2)直前に「だからこそ」とあるので、理由は前の段落に書かれていることがわかる。「言葉という道具」だけでは、「相手を評価したり、人格を理解することができない」うえに、「自分をあますところなく表現すること」もできないので、それを補うためにフェイス・トゥ・フェイスのコミュニケーションが必要だと述べている。よって、「足りない部分を補ってくれる」とある**ア**が答えとなる。
(3)「相手の目の表情をきちんと読む」ことで読み取れることを探す。言葉だけでは不十分で、フェイス・トゥ・フェイスのコミュニケーションでできることは、四段落目にある「相手の気持ちや人格を判断する」ことである。この部分を踏まえて、制限字数に注意してまとめる。
(4)「それを長引かせ」の「それ」は、直前の「対面的な交渉」を指している。「対面的な交渉」＝「フェイス・トゥ・フェイスのコミュニケーション」であることをおさえ、その必要性について述べられているこれまでの内容を踏まえて考える。指定字数と「を確保するため。」に続くことをヒントに探すと、三段落目に見つかる。
(5)——線部⑤を含む段落に着目する。火事の野次馬や恋人の浮気を例に挙げ、人は視覚的な情報で真実を確認しようとすることを説明している。よって、**ウ**が答えとなる。

2
(1)竹が成長し、表皮がはがれていく様子は第一連に書かれている。「いきおいよく　はがし」「きっぱりと　ぬぎすて」と、擬人法を用いて表現されている。
(2)第二連に着目する。「若者の香り」「匂いたち」と、嗅覚で若竹の成長をとらえている。
(3)第三連と第四連では、「空の向こうに」「ひたすらに／かけのぼり」などから、若竹が空に向かって成長を続けている様子が表現されていることを読みとる。
(4)「あ／若竹が／無い！」は、「若竹」が立派に成長して、もう「若竹」ではなくなったことを表している。よって、**ウ**が答えとなる。

総仕上げテスト②

解答（45〜47ページ）

1
(1) 例 **特売場に行ったけれども適当な買い物が見つからず、もやもやした気分だったが、安くてしっかりした蝙蝠傘が見つかったから。**（58字）
(2) **エ**
(3) 例 **自分が中途半端に返事をしたために、母を気の毒なほど迷わせてしまったと感じたから。**（40字）
(4) **エ**

2
(1) **a　野趣あふれ　b　泣く泣く短**
(2) 例 **強引に差し込まれているにもかかわらず、短歌として認定するに足る韻律や調べを保っているという**（45字）

解説

1
(1)直後に「もやもや迷った心残りがはけ口をみつけた風だった」とあることから、「心残り」と「はけ口」が何を指しているか、——線部①より前から読みとってまとめる。「母」は、特売場に来て、何も買わないで帰ることになりそうな状況に、「なにか割り切れないような、思い切り悪いような思い（＝心残り）を抱いていたが、「九拾五銭」の「蝙蝠傘」を見つけると、「急に元気づいた」のである。また、――線部①のあとで「蝙蝠傘」を「安い」「しっかりしてる」とほめていることから、いい買い物（＝はけ口）を見つけたと思っていることがわかる。

(2)――線部②の前の「母」と「芳子」の会話に着目する。「不断のはうちに持ってる」と言う「芳子」に対して、「母」は、「……使い古して昔風でね。……これは誰かに譲って上げたって喜ばれますよ」と普段使いの傘に文句を言ったあとに、思いついたように誰かに譲ることを提案している。また、少し前で「自分の年に合いそうなのを……開いてみたりしている」とあり、「母」が、誰かに譲ることを言い訳に、自分のための傘を探していることがわかるので、**エ**が正答となる。**ア**と**ウ**は、本文から読みとれない内容なので間違いである。**イ**は、母は蝙蝠傘を買うつもりで探しているので間違いである。

(3)――線部③にある「躊躇」は、「母」が傘を選ぶときに、「芳子」が「そうねえ」と気の進まない返事をしてしまったことを指している。周りの客は「安い安い」と傘を「無造作に買って」いるのに対して、「母」は「少し顔をこわばらせて上気したような」様子で、買う傘を決められずに迷ってしまっているのである。その様子が「気の毒になり」、自分がした返事を腹立たしく思っていることを読みとる。

(4)最初のほうで、「特売場は無駄づかいをさせるように出来ている」場所だと考えている「芳子」に対して、「母」は「特売場の空気」にのまれており、傘も本当に欲しいものではないのに、何かを買いたいという思いから選ぼうとしていた。しかし、――線部④の前で「口のあたりに弱い微笑を浮べて、なにか振り払うかのように……そこを離れた」とあることから、冷静さを取り戻したことがわかるので、**エ**が正答となる。

2

(1)文中の短歌が作られた背景が問われている。「心を打たれた」は「感動した」という意味である。茂吉は橋のたもとに立てられた立札の「野趣あふれる文字に感動」し、「泣く泣く短くして三十一音に入れ込む」ことはせず、その文字をそのまま短歌に入れてしまったのである。

(2)文中の短歌に対する筆者の考えが問われている。短歌の定型は「五・七・五・七・七」の五句三十一音であるが、文中の短歌には、「人ならば」「五人づつ」の「五音二句」が強引に差し込まれており、「五・七・五・五・五・七・七」の「七句四十一音」となっている。しかし、「破調」であるにもかかわらず「短歌として認定するに足る韻律や調べを保っている」ことが、「この歌に強烈な短歌らしさを感じてしまう秘密」なのだと筆者は述べている。